KROATIEN

DIE AUTORIN

Eva-Maria Steinburger hat viele Länder in Europa, Asien und der Karibik bereist. Seit 1983 arbeitet sie als freie Reisejournalistin für etliche Verlage und Reisemagazine und hat zahlreiche Reiseführer zu Kroatien, Slowenien und der Dominikanischen Republik veröffentlicht.

www.vistapoint.de

Top 10 & Willkommen

Chronik

Stadttour Dubrovnik mit Detailkarte

Vista Points – Sehenswertes

Service von A bis Z

Kroatien mit eingezeichneten 10 Top 10
kierten Regionen

Karte mit Stadtplänen von Dubrovnik und
ch in der hinteren Umschlagklappe.

lick auf die ummauerte Stadt Dubrovnik
be Stock/Carmen
mschlagklappe (außen): UNESCO-Welt-
Nationalpark Plitvice
kphoto/Gantico
mschlagklappe (außen):
31; unten: s. S. 64
ückseite:
52; unten: s. S. 86

Extras – Zusatzinformationen

Zeichenerklärung

10 **Top 10**
Das müssen Sie gesehen haben, siehe vorderer innerer Umschlag und hintere Umschlagklappe.

Vista Point
Reiseregionen, Orte und Sehenswürdigkeiten

Symbole
Verwendete Symbole siehe hintere innere Umschlagklappe.

Kartensymbol: Verweist auf das entsprechende Planquadrat der Karte bzw. der Detailpläne im Buch.

Willkommen an der kroatischen Küste

Der malerische Küstenabschnitt der östlichen Adria zählt zu den schönsten und abwechslungsreichsten Landschaften Europas und wird gesäumt von bis auf 1700 Meter ansteigenden Gebirgszügen. Wenige Straßen verbinden das Hinterland über Pässe mit der Festlandküste und der Jadranska Magistrale, der Küstenstraße.

5800 Kilometer lang soll die Küste inklusive der zahlreichen Inseln sein – sie wird auch »Küste der tausend Inseln« genannt. Davon sind 66 bewohnt, 659 weitgehend unbesiedelt, 426 Klippen sind unzugänglich und ohne Vegetation.

Die Landschaft zeigt sich von karstig kahl bis üppig von Macchia bedeckt, satte Kiefernwälder wechseln sich mit fruchtbaren Tälern ab, in denen Gemüse und Wein kultiviert werden. Um das natürliche Erbe Kroatiens zu erhalten, wurden inzwischen acht Nationalparks, elf Naturparks und etliche Naturreservate eingerichtet.

Das Land birgt ein reiches Kulturerbe, das über 2000 Jahre zurückreicht. In den Städten kann man auf Schritt und Tritt in die Vergangenheit der Römer, Venezianer und Habsburger eintauchen – auf antiken Ausgrabungsstätten, mittelalterlich

Die prächtige Altstadt von Dubrovnik wurde 1979 zum UNESCO-Weltkulturerbe erklärt

geprägten Plätzen, in beachtenswerten Museen oder prachtvollen und reich ausgestatteten Kirchen.

Die Gegend zählte seit 10 000 v. Chr. zu den wichtigsten Handelsrouten zwischen Ost und West. Als das wirtschaftliche Interesse an den Routen verloren ging, hielt der Tourismus Einzug. Bereits Ende des 19. Jahrhunderts reisten Adelige und Betuchte aus dem kaiserlichen Wien an, um im milden mediterranen Klima zu kuren – stattliche Villen zeugen noch von dieser Zeit.

Kroatien hat es heute in die Riege der Top-Reiseziele im Mittelmeerraum geschafft. Kein Wunder, denn es bietet für jeden Urlaubsgeschmack etwas – und dies in teils unberührter Landschaft. Kunstinteressierte wandeln durch die Städte mit reichem Kulturgut, Taucher und Schnorchler lockt die reiche Flora und Fauna der Unterwasserwelt, Segler erkunden Bucht um Bucht und ankern in den gut ausgestatteten Yachthäfen; Mountainbikern, Wanderern und Freeclimbern eröffnen sich breite Aktionsfelder und grandiose Weitblicke. Und an den schönen Fels-, Kiesel- und Sandstränden findet sich selbst in der Hochsaison noch ein ruhiges Plätzchen zum Baden.

Wenn man dann abends das Zikadenzirpen vernimmt und den gewaltigen Sternenhimmel betrachtet, scheint das Paradies ganz nah.

Daten zur Geschichte

Der Palast von Kaiser Diokletian in Split

40 000–5000 v. Chr.	Funde belegen Besiedlungen an der Küste (z. B. Šandalja bei Pula) im Neolithikum.
2000 v. Chr.	Thrakische Stämme besiedeln nordöstliche Balkangebiete.
1200 v. Chr.	Ansiedlung von Illyrern an der Küste Istriens und Dalmatiens, aber auch auf dem Balkan (ihre Stämme hießen u.a. Histrer, Liburner, Japoden, Delmaten); sie waren Viehzüchter und Seefahrer, gute Kämpfer und gefürchtete Piraten. Die Hauptstadt der Histrer war Nesactium bei Pula.
Bis 700 v. Chr.	Griechen gründen in der Küstenregion Kolonien (u. a. Hvar, Vis, Korčula).
229 v. Chr.	Erster römischer Feldzug gegen die Illyrer und Teileroberung von Dalmatien.
33 v. Chr.	Römer unterwerfen endgültig die Illyrer und die Gebiete werden zur Provinz Illyricum. Romanisierung von Sprache und Kultur. Der Stamm der Illyrer stellt die wichtigsten römischen Kaiser, u. a. Diokletian und Konstantin.
Um Christi Geburt	Die Donau wird Nordgrenze des Römischen Reiches, hinzu kommt u. a. die Provinz Dalmatia. Wichtige Städte sind Salona (Solin) und das heutige Pula.
284–305	Regierungszeit von Kaiser Diokletian und Bau des Diokletianpalastes.
313	Toleranzedikt von Kaiser Konstantin: Ende der Verfolgung und Anerkennung des Christentums und der christlichen Hauptstadt Konstantinopel im alten Byzanz.
395	Teilung des Römischen Reiches unter Kaiser Theodosius in West- und Ostrom. Westrom wird römisch-katholisch mit lateinischer Schrift, Ostrom (fällt an Byzanz) wird griechisch-orthodox und übernimmt die kyrillische Schrift. Die östliche Adria fällt nach dem Untergang des Weströmischen Reiches ebenfalls an Byzanz.
626	Ansiedlung von Serben und Kroaten in Südosteuropa.

Relief mit der Figur eines kroatischen Königs (11. Jh.)

Bis 788 Istrien und die dalmatinischen Küstenstädte verbleiben im Byzantinischen Reich.

Um 800 Siegreiche Feldzüge der Franken unter Karl dem Großen und teilweise Christianisierung in Istrien und Kroatien.

Ab 870 Aufstandsbewegungen und Unabhängigkeit der Kroaten, begründet durch Fürst Branimir (879–892).

925 Fürst Tomislav wird erster kroatischer König und vereint alle kroatischen Gebiete.

977 und 1000 Pietro Orseolo II. (Doge von Venedig) erobert Küstenabschnitte von Dalmatien und nennt sich »Dux Dalmatiae«.

1058–74 Fürst Peter Krešimir, König von Kroatien, baut die kroatische Machtstellung aus.

1091 Mit der Ermordung König Zvonimirs endet die Dynastie der kroatischen Stammesfürsten. Kroatien wird ab 1102 in Personalunion mit Ungarn vereinigt, die bis 1526 anhält.

Ab 1100 Venedig wird Ordnungsmacht und Beschützerin der Handelsschifffahrt und löst damit Byzanz in der Machtstellung ab.

1205 Ragusa (heutiges Dubrovnik) fällt an die Venezianer.

1272 Dubrovnik erhält Stadtstatut, was die Gründung der Republik und ab 1358 deren absolute Selbstständigkeit ermöglicht.

1301 Die Adelsfamilie Anjou besteigt den kroatisch-ungarischen Thron.

1354 Beginn der osmanischen Eroberung der Balkanhalbinsel.

1358 Die Venezianer werden von Ludwig I. von Anjou besiegt und müssen im Friedensvertrag von Zadar auf Dalmatien verzichten.

1389 Schlacht auf dem Amselfeld: Das in Teilstaaten zerfallene serbische Reich verliert die Schlacht gegen Sultan Murad I., damit wird für die Osmanen der Weg auf den Balkan frei.

1396 Schlacht bei Nikopolis: Das kroatisch-ungarische Heer erleidet eine schwere Niederlage, der Nimbus der osmanischen Unbesiegbarkeit entsteht.

Venezianischer Löwe am Landestor von Zadar

1409 Venedig erwirbt für 100 000 Dukaten vom kroatisch-ungarischen König Ladislaus von

Ansicht von Poreč (lat. Parens) auf einem Kupferstich von Georg Braun und Frans Hogenberg (Köln, um 1575)

Neapel (aus dem Hause Anjou) Zadar und Rechtstitel von Dalmatien. Das kroatisch-ungarische Königreich war durch die ständigen osmanischen Angriffe und auch durch Erbfolgekämpfe in Kroatien und Ungarn zwischen dem Haus Anjou und den Luxemburgern geschwächt.

1421 Ganz Dalmatien ist nun wieder in venezianischem Besitz.

1453 Konstantinopel fällt an die Osmanen, die mit ihrem gewaltigen Heer 1529 erst vor den Toren Wiens Halt machen.

Ab 1463 Die Gebietsaufteilung sieht nun wie folgt aus: Die Osmanen besitzen Bosnien, etwas später auch Herzegowina und Teile Montenegros. Den Habsburgern gehört Nordkroatien und Slowenien, sie drängen 100 Jahre später mit serbischer Unterstützung bis Skopje vor. Die Venezianer sind nach wie vor in Dalmatien. Einzig die Republik Ragusa (Dubrovnik) hat durch diplomatisches Geschick ihre Unabhängigkeit erhalten. Viele Aufstände, Gebietseroberungen und Wiederabtretungen bestimmen die nächsten 200 Jahre.

1571 Seeschlacht von Lepanto (Sieg der vereinten Flotten): Der Kampf fällt nach dem Tod Sultan Süleymans des Prächtigen erstmals zu Ungunsten der Osmanen aus.

1699 Frieden von Karlowitz: Durch Eroberungszüge von Prinz Eugen und den Friedensbeschluss erweitern die Habsburger ihre Landkarte um Südkroatien, Slawonien und Nordserbien. Im Frieden von Passarowitz 1718 erhalten sie von den Osmanen noch Bosnien und Südserbien. Erst im Frieden von Belgrad müssen Südserbien und Belgrad wieder an die Osmanen abgetreten werden (was 1806 zurückerobert wird).

1797 Napoleon stürzt die einst mächtigen Venezianer und gründet das Königreich Italien.

1805 Im Frieden von Schönbrunn werden Istrien, Dalmatien und sogar Dubrovnik Napoleons Königreich Italien zugeordnet, Laibach (Ljubljana) wird Hauptstadt der »Illyrischen Provinzen«.

1914 Der österreichisch-ungarische Thronfolger Franz Ferdinand und seine Gemahlin werden am 28. Juni in Sarajevo erschossen. Kriegserklärung Österreich-Ungarns an Serbien und Beschuss Belgrads am 28. Juli. Der Erste Weltkrieg, an dem alle europäischen Staaten beteiligt sind, beginnt. Bündnissysteme zerfallen, ebenso die österreichisch-ungarische Doppelmonarchie. Das Osmanische Reich verliert die meisten seiner Territorien und wird nach der Reform von Kemal Atatürk zur türkischen Republik.

Das Attentat auf Thronfolger Franz Ferdinand von Österreich 1914 in Sarajevo (Le Petit Journal, 12. Juli 1914)

1918 Es bildet sich das Königreich der Serben, Kroaten und Slowenen (SHS), der erste jugoslawische Staat.

1920 Vertrag von Rapallo: Istrien, die Inseln Cres, Lošinj und Zadar bleiben italienisch; Rijeka wird zum Freistaat erklärt. Der Nationalist D'Annunzio »italienisiert« die Stadt allerdings durch Eroberung wieder und gibt ihr den Namen Fiume.

1929 Widerstände führen zur Königsdiktatur; es wird das Königreich Jugoslawien gebildet.

1941 Die nationalistische jugoslawische Regierung unter Dragiša Cvetković tritt im März dem Dreimächtepakt (Italien, Deutschland, Japan) bei. Zwei Tage danach kommt es zu einem Militärputsch, der Hitler dazu veranlasst, in Jugoslawien einzumarschieren, um dieses »Risiko« zu eliminieren.

Kapitulation des Königreichs Jugoslawien am 17. April. Es wird zwischen Italien, Deutschland und Ungarn aufgeteilt.

Ab 1941 Es gelingt dem Kroaten und linksorientierten Widerstandskämpfer Josip Broz Tito und seinen Partisanen, einige besetzte Gebiete zurückzuerobern.

Josip Broz Tito (1892–1980) regierte Jugoslawien über dreieinhalb Jahrzehnte

1943	Reger Zulauf zur Partisanenarmee nach Angriff und Besetzung Istriens durch die Deutschen und Kapitulation Italiens; durch innen- und außenpolitische Erfolge sowie große Waffenkäufe bei den Alliierten wird Tito alliierter Befehlshaber.
1944	Die Partisanen, unterstützt durch die Rote Armee, erobern im Oktober Belgrad.
1945	Die Föderative Volksrepublik Jugoslawien wird nach Titos Wahlsieg ausgerufen.
1946	Die jugoslawische Verfassung im föderativen Bund wird im Januar umgesetzt: Es gibt nun die Volksrepubliken Serbien, Kroatien, Slowenien, Bosnien-Herzegowina, Makedonien und Montenegro mit eigenen Verfassungen und Parlamenten; die zu Serbien gehörenden Regionen Kosovo und Wojwodina bekommen autonomen Status.
1947	Friedensvertrag von Paris im Februar: Nordwest-Istrien fällt wieder Jugoslawien zu, Triest wird Freistaat unter alliierter Hoheit. Erst 1975 wird die Staatsgrenze zu Italien beiderseitig anerkannt.
1948	Jugoslawien wird im Juni aus der Kominform (Kommunistische Internationale) ausgeschlossen; Begründung sind die guten internationalen Beziehungen Titos – ein »Verrat an der Arbeiterklasse«. Die Folge: Wirtschaftsblockaden und die Aufhebung der Staatsbeziehungen seitens der UdSSR. Das Plus: die wirtschaftliche Unterstützung seitens der USA und der Westmächte sowie die Annäherung an die NATO-Staaten.
1953–57	Nach dem Tod Stalins werden die Staatsbeziehungen zur UdSSR und zur Bundesrepublik Deutschland (Jugoslawien hat die DDR anerkannt) wieder aufgenommen.
1956	Die Blockfreiheit gibt Jugoslawien die Möglichkeit, einen eigenen Weg zwischen den beiden Supermächten zu gehen; Tito ruft zur ersten Konferenz der blockfreien Staaten auf (die auf den Brijuni-Inseln stattfindet), an der über 20 Länder teilnehmen.
1980	Tod von Josip Broz Tito im Mai und damit auch Ende einer angestrebten Einheit im Vielvölkerstaat.
1980–87	Starke wirtschaftliche Probleme, hohe Auslandsverschuldung und politische Diskrepanzen. Die kollektive Staatsführung zeigt mehr Eigen- als Gemeinschaftsinteressen.
1990	Serbenaufstand in der Krajina (gegen die Rechtsordnung der Republik Kroatien) am 17. September und Beginn des Balkankrieges durch Einmarsch der serbischen Armee. Die Slowenen kündigen am 23. Dezember die Konföderation und verkünden am 25. Juni 1991 ihre Selbstständigkeit. Zwei Tage später: Einmarsch der serbischen Armee und Zehn-Tage-Krieg, der von slowenischer Seite erfolgreich beendet wird.
1991–95	Kroatien erklärt dem Parlament seine Unabhängigkeit, der Präsident heißt Dr. Franjo Tudjman. 1992 wird Kroatien als Mitglied der Vereinten Nationen aufgenommen. Die Selbstständigkeit Kroatiens wird mit einem erbarmungslosen Krieg bezahlt, der sich bis Bosnien ausbreitet. Zudem entbrennt ein ethnischer Konflikt. Kroatien hat

	Hunderttausende von Flüchtlingen zu versorgen und zu beherbergen, die auch aus Bosnien-Herzegowina kommen.
1995	Friedensvertrag von Dayton am 14. Februar, der durch Vermittlung der Vereinten Nationen zustande kommt.
Februar 2000	Nach dem Tod von Franjo Tudjman im Dezember 1999 gewinnt Stipe Mesić die Präsidentschaftswahl. Der Kritiker des Balkankriegs verspricht Verfassungsreformen.
2003	Kroatien beantragt die Aufnahme in die EU. Nach den Parlamentswahlen im November wird eine Regierung unter Führung der konservativen Kroatischen Demokratischen Gemeinschaft (HDZ) gebildet.
2005	Stipe Mesić wird bei der Präsidentschaftswahl für eine zweite Amtszeit als Präsident der Republik bestätigt.
April 2009	Kroatien wird NATO-Mitglied.
2011	Bei den Parlamentswahlen erringt eine Koalition aus SDP, HNS, IDS und HSU die Mehrheit. Zoran Milanović (SDP) wird Premierminister.
2013	Kroatien wird am 1. Juli 28. Mitglied der EU.
2018	Die Nationalmannschaft Kroatiens wird beim Finale der Fußballweltmeisterschaft in Russland Vizeweltmeister.
2021	Die kroatische Hauptstadt Zagreb bekommt mit Tomislav Tomašević erstmals in ihrer Geschichte einen links-grünen Bürgermeister.
2022	Bei der Fussballweltmeisterschaft in Katar landet Kroatien hinter Argentinien und Frankreich auf dem dritten Platz.
2023	Am 1. Januar tritt Kroatien der Eurozone und dem Schengen-Raum bei. Der Euro wird offizielles Zahlungsmittel des Landes. ■

Wunderschöne Mosaiken in der Euphrasius-Basilika in Poreč, die seit 1997 auf der UNESCO-Liste des Weltkulturerbes steht

Ein Rundgang durch die »Perle der Adria«

Vormittag
Rundgang auf der Altstadtmauer – Erlöserkirche – Franziskanerkloster – St.-Blasius-Kirche – Sponza-Palast – Rathaus.

Mittag
Snack im Café **Gradska Kavana Arsenal,** Pred Dvorom 1 ➡ aC4
✆ (020) 321-202.

Nachmittag
Rektorenpalast – Kathedrale Velika Gospa – Gundulićeva poljana – Synagoge – Dominikanerkloster – Überfahrt nach Lokrum oder Seilbahnfahrt auf den Srđ.

❶ **Dubrovnik** ➡ S16 wurde im 7. Jahrhundert von den Einwohnern aus Cavtat auf einem Fels gegründet. Diplomatisches Geschick und der unbändige Wunsch nach einem eigenen Imperium ließen die Stadt über die Jahrhunderte immer einflussreicher werden. 1272 konnte man mit dem Stadtstatut Münzen prägen, hatte Handelsfreiheit und war recht geschickt darin, sein Monopol der Salzfelder bei Ston in Verhandlungen einzusetzen. Dubrovnik wuchs und wuchs, besaß eigene Fürstentümer, baute Paläste und lebte gut – unter welcher fernen Herrschaft auch immer. 1667 zerstörte ein Erdbeben fast die gesamte Stadt, die damals 30 000 Einwohner hatte. Die Überlebenden bauten Dubrovnik zwar wieder auf, aber in der Zwischenzeit hatte Venedig eine Vormachtstellung beim Handelsgeschäft im Mittelmeerraum errungen. 200 Jahre später lebten nur noch 6000 Menschen in Dubrovnik. Erst der Tourismus brachte wieder Schwung in das verträumte Städtchen. Heute strömen internationale Besucher durch die Gassen und riesige Kreuzfahrtschiffe ankern vor dem Hafen Gruž.

Berühmt ist Dubrovnik vor allem für seinen historischen Stadtkern

1979 erklärte die UNESCO die Altstadt und die begehbare Stadtmauer von Dubrovnik zum Weltkulturerbe. Die Stadt ist sozusagen eine große Freilichtbühne, deren Baudenkmäler aus verschiedenen Epochen man in Gänze kaum an einem Tag erkunden kann.

Spaziergang auf der Stadtmauer

Einen Rundgang durch die Altstadt beginnt man am besten am **Braslje** ➡ aB2, dem großen Platz mit Bushaltestellen und Tourist Information. Von hier fällt der Blick zum Meer hinüber zur gewaltigen Vorfestung **Lovrijenac** ➡ aC1. Laut Chronik wurde sie bereits 1050 an dem 46 Meter hohen Felsen errichtet. Kühn und freiheitsdenkend ist auch der Leitspruch der Dubrovniker, der am Eingang der Festung verewigt ist: »Nicht für alles Gold der Welt sollt Ihr Eure Freiheit verkaufen« *(Non bene pro toto libertas venditur auro).*

Das doppelt gesicherte **Pile-Tor** (Gradska vrata Pile) ➡ aB2 ist mit dem Steinrelief des hl. Blasius, des Stadtbeschützers, geschmückt. Den besten Überblick verschafft man sich bei einem Spaziergang auf der knapp zwei Kilometer langen, begehbaren **Altstadtmauer** mit ihren bis zu sechs Meter dicken und bis 25 Meter hohen Wällen, die von wuchtigen Bastionen und 15 viereckigen Türmen bestimmt wird. Über den Hauptzugang an der Hauptstraße Placa geht es gen Süden mit Blick hinab auf den 16-eckigen **Onofrio-Brunnen** (Velika Onofrijeva fontana) ➡ aB2, der die städtische Wasserversorgung sicherte, und in den Innenhof des ehemaligen **Klarissenklosters** (Sv. Klara) ➡ aB/C2. Bis zum Einfall Napoleons lebten hier Nonnen.

An der 1464 erbauten **Festung Bokar** ➡ aC1 an der Landspitze vorbei rücken das **Jesuitenkloster** mit der **Kirche Sv. Ignacijo** (Sveti Ignacijo) ➡ aD3, eine der größten Barockkirchen Kroatiens, und dahinter die mächtige Kuppel der **Kathedrale Velika Gospa** ➡ aC/D4, einer Stiftung des sagenumwobenen englischen Königs Richard, ins Blickfeld. Das Gotteshaus wurde in Form einer Basilika im romanischen Stil vom 12. bis 14. Jahrhundert errichtet und nach dem großen Erdbeben ab 1673 von Paolo Andreotti wiederhergestellt.

Weiter im Osten thront die **Festung hl. Johann** (Tvrđava sv. Ivana) ➡ aC5, im 16. Jahrhundert erbaut, um die Hafeneinfahrt zu sichern. Heute beherbergt sie ein sehenswertes Schiffsmuseum und ein Aquarium.

Nach dem **Rektorenpalast** (Knežev dvor) ➡ aC4, der ehemaligen Residenz des Rektors, und dem **Sponza-Palast** (Palača Sponza) ➡ aC4, dem Handelszentrum, das heute ein wertvolles Archiv der Stadtgeschichte beher-

Buntes Treiben in den Straßencafés von Dubrovnik

bergt, erkennt man das **Dominikanerkloster** (Dominikanski samostan) ➡ aB4, das 1315 gegründet wurde.

Die **Festung Revelin** ➡ aB5 aus dem Jahr 1464 sollte den Nordosten und vor allem den östlichen Landzugang sichern, sie war von drei Seiten vom Meer umgeben. Heute finden während der Dubrovniker Sommerfestspiele auf ihren Terrassen Veranstaltungen statt.

Auf dem Weg zum runden Festungsturm und Wahrzeichen für Unbesiegbarkeit **Minčeta** ➡ aA3 liegt die Seilbahnstation, die eine Verbindung zum Hausberg **Srđ** ➡ nördl. aA4 mit Napoleonfestung schafft.

Am Ausgangspunkt des Mauerrundgangs angekommen ist es an der Zeit, einige der eben von oben ausgemachten Sehenswürdigkeiten aus nächster Nähe zu betrachten.

Spaziergang durch die Altstadt

Gleich am Stadtmauerabgang steht die kleine **Erlöserkirche** (Crkva sv. Spasa) ➡ aB2, die 1520 als Votivkirche erbaut wurde und wie durch ein Wunder vom Erdbeben 1667 verschont blieb. Ihr Inneres zieren prächtige Altarbilder. Das **Franziskanerkloster** (Franjevački samostan) ➡ aB2/3 von 1317 daneben hatte nicht solches Glück, die Klosterkirche musste

16 Ecken hat der große Onofrio-Brunnen in der Altstadt von Dubrovnik

neu aufgebaut werden. Ihre schöne Kanzel aus Marmor und wertvolle Gemälde überstanden das Erdbeben aber ebenso wie der um 1360 erbaute Kreuzgang und das herrliche Südportal, das die Petrović-Brüder im Flamboyantstil gefertigt hatten. Beachtenswert sind auch die umfangreiche Bibliothek und die **Franziskanerapotheke**, die drittälteste Europas, in der heute ein kleines Museum zum Thema untergebracht ist.

Die breite Hauptstraße **Placa** (auch Stradun) ➡ aB2–C4 teilt die Stadt. Hier befand sich einst der Meeresgraben, der die Insel Lausa – auf der Dubrovnik entstand – vom Festland trennte. Als die Insel im 13. Jahrhundert zu klein wurde, schüttete man den Graben zu. Heute erreicht man alle wichtigen Monumente Dubrovniks über diese Flaniermeile.

Am **Luža-Platz** ➡ aC4 prunkt die 1418 erbaute **Orlandosäule** (Orlandov stup). Sie gilt – wie alle Rolandstatuen – als Wahrzeichen der freien Handelsstadt; bei Festivitäten weht hier die Nationalflagge.

Gleich dahinter trifft man auf die **St.-Blasius-Kirche** (Sv. Vlaho) ➡ aC4, einen hohen Kuppelbau, der dem Schutzpatron von Dubrovnik geweiht ist und im 18. Jahrhundert anstelle einer Vorgängerkirche errichtet wurde. Das Innere ziert neben Gemälden eine Silberstatue, die den hl. Blasius mit dem Stadtmodell aus dem 15. Jahrhundert zeigt.

Gegenüber beeindrucken die Säulenvorhalle und der Arkadenhof des **Sponza-Palasts** (Palača Sponza) ➡ aB/C4, der das Stadtarchiv beherbergt

Der beeindruckende Arkadengang des Rektorenpalasts von Dubrovnik

und früher als Zollhaus diente. Daneben lässt das Osttor nach ein paar Schritten einen Blick auf den Stadthafen zu, und in einer Nische vor dem Rathaus plätschert der **Kleine Onofrio-Brunnen** (Mala Onofrijeva fontana) ➡ aC4 von 1438.

Das prachtvolle **Rathaus** (Gradska vijećnica) ➡ aC4, das 1882 errichtet wurde, ist Sitz der Stadtverwaltung. Den Vorgängerbau aus dem 14. Jahrhundert, den Palast des Großen Rates, vernichtete ein Feuer. Hier bietet sich das Café **Gradska Kavana Arsenal** für eine kleine Stärkung an, zumal sich das Geschehen im Zentrum der Altstadt vorzüglich beobachten lässt.

Nebenan ist der **Rektorenpalast** (Knežev dvor) ➡ aC4 mit seiner reich verzierten Säulenvorhalle eine Augenweide. Der Rektor der Stadt residierte und arbeitete hier während seines einmonatigen Mandats. Auch der Kleine Rat, Gerichtsräume, ein Gefängnis und ein Speicher befanden sich im Gebäude. Heute informiert hinter dem Säulengang das Stadtmuseum, dessen Atrium im Sommer als Veranstaltungsort für Konzerte dient.

Die Pred Dvorom führt direkt zur **Katedrala Velika Gospa** (Kathedrale Mariä Himmelfahrt) ➡ aC/D4, die bis zum Erdbeben 1667 einen der reichsten Kirchenschätze Europas besaß. Einige der wertvollen Gemälde konnten jedoch gerettet werden, wie das große Polyptychon der Himmelfahrt Mariä von Tizian über dem Hauptaltar, die Madonna della Seggiola von Raffael sowie das Bildnis der hl. Katarina von Palma dem Älteren. Viele weitere eindrucksvolle Gemälde zieren das Kirchenschiff.

Der Platz **Gundulićeva poljana** ➡ aC3/4 ist nach dem bekannten Dubrovniker Dichter Ivan Gundulić benannt, dessen Statue mittig prunkt. Täglich bis zum frühen Nachmittag können hier Einheimische und Touristen frische Produkte auf dem Obst- und Gemüsemarkt kaufen.

Die Žudioska ulica erinnert an die bereits im 13. Jahrhundert aus Spanien, Portugal und Süditalien geflohenen sephardischen Juden, die in Dubrovnik ein neues Zuhause fanden. Die 1652 vollendete **Synagoge** (Sinagoga) ➡ aB4 ist die zweitälteste aktive sephardische Synagoge der Welt.

Die Gasse links vom Sponza-Palast führt nordöstlich zum **Dominikanerkloster** (Dominikanski samostan) ➡ aB4. Der Innenhof ist geschmückt mit einem plätschernden Brunnen, üppigen Gewächsen und einem prachtvollen spätgotischen Kreuzgang. Im Klostermuseum sieht man wertvolle Gemälde des Venezianers Tizian und von einheimischen Künstlern, wie den Flügelaltar von Lovro Dobričević und das Triptychon von Mihajlo Hamzić. In der Kirche dominieren auf dem Hauptaltar die Kreuzigungsszene von Paolo Veneziano sowie eine Madonna von Ivan Meštrović. Zudem werden hier häufig klassische Konzerte veranstaltet.

Wer jetzt noch Lust auf einen Ausflug hat, nimmt entweder die Seilbahn auf den Hausberg **Srđ** ➡ nördl. aA4 oder ein Schiff zur zehn bis 15 Minuten entfernten **Insel Lokrum** ➡ S16. Von beiden Punkten hat man einen fantastischen Blick auf die Stadt – vor allem abends. Seilbahn und Schiffe fahren im Sommer regelmäßig bis spät in die Nacht.

Die gesamte Altstadt von Dubrovnik ist von einer komplett erhaltenen Stadtmauer umgeben

Service-Informationen Dubrovnik

Tourist Informationen
– TIC Pile, Brsalje 5
20000 Dubrovnik ➡ aB1
✆ (020) 312-011
tzdubrovnik.hr
– TIC Gruž, Obala Pape Ivana Pavla 1, am Hafen
20000 Dubrovnik ➡ S16
✆ (020) 417-983
Stadtführungen buchbar.

Dubrovnik Pass
www.dubrovnikpass.com
Der Pass bietet freien Eintritt in einige Museen und Galerien und zur Stadtmauer, Ermäßigungen und die freie Nutzung der Busse.

Ethnografisches Museum/ Etnografski muzej Rupe ➡ aC2
Od rupa 3, Dubrovnik
✆ (020) 323-018
www.dumus.hr
Trachten und Haushaltswaren im ehemaligen Getreidespeicher.

Kulturgeschichtliches Museum im Rektorenpalast/ Kulturno povijesni muzej ➡ aC4
Pred Dvorom 3, Dubrovnik
✆ (020) 324-837
www.dumus.hr
Im hübschen Atrium des im gotischen Stil errichteten Baus, an der Außenfront durch den beeindruckend gemeißelten Arkadengang zu erkennen, finden im Sommer Konzerte statt. Das historische Museum zeigt u.a. Möbel, Gemälde und Münzsammlungen.

Dominikanerkloster/ Dominikanski samostan ➡ aB4
Od sv. Dominika 4, Dubrovnik
✆ (020) 322-200
Anfang des 13. Jh. erbaut mit Kreuzgang und einzigem erhaltenen romanischen Portal. Beachtenswerte Gemäldesammlung italienischer und Dubrovniker Meister aus dem 15./16. Jh. und wertvolle Bibliothek. Im Sommer auch Konzerte.

Erlöserkirche/ Crkva sv. Spasa ➡ aB2
Neben dem Hauptaufgang zur Stadtmauer, Dubrovnik

Innenhof und Kreuzgang des Franziskanerklosters in Dubrovnik

Nach dem Erdbeben 1520 als Votivkirche erbaut, blieb sie bis heute erhalten, ihr Inneres zieren prächtige Altarbilder.

Festung hl. Johann/ Tvrđava sv. Ivana ➡ aC5
Dubrovnik
✆ (020) 323-904
tzdubrovnik.hr (Festung)
www.imp-du.com (Aquarium)
In dem Gewölbe der Festung ist ein **Aquarium** (Institut za more ja priobalje) untergebracht. Das **Schifffahrtsmuseum** (Pomorski muzej) zeigt Seekarten und Gemälde und dokumentiert die Seefahrtsgeschichte.

Festung Lovrijenac/ Tvrđava Lovrijenac ➡ aC1
Im Ticket für die Stadtmauer enthalten
Laut Chronik bereits 1050 an dem 46 m hohen Felsen errichtet und danach mehrmals umgebaut.

Franziskanerkloster/ Franjevački samostan ➡ aB2/3
Placa 2 (Eingang um die Ecke)
Dubrovnik
✆ (020) 321-410
Das Kloster wurde im Viereck mit Kreuzgang im 14. Jh. erbaut und besitzt eine wertvolle Gemäldesammlung, eine umfangreiche Bibliothek sowie das Grab des Poeten Ivan Gundulić. In der Franziskanerapotheke, einer der ältesten Europas, ist heute ein Apothekenmuseum untergebracht.

Kathedrale Mariä Himmelfahrt/Katedrala Velika Gospa ➡ aC/D4
Kneza Damjana Jude 1
Dubrovnik
✆ (020) 323-459
Eine Stiftung des englischen Königs Richard Löwenherz (Richard I.). Die wunderbaren Gemälde von Raffael und Tizian konnte man nach einem Erdbeben aus der alten Kirche retten. Der heutige Bau

Glockenturm in der Altstadt von Dubrovnik

stammt aus dem 18. Jh. Mit bedeutender Schatzkammer.

Sponza-Palast/ Palača Sponza ➡ aB/C4
Palača Sponza, Dubrovnik
Beeindruckender Wohnort des Rektors mit Säulenvorhalle und Arkadenhof, erbaut 1506–22. Das massive Gebäude überlebte selbst das Erdbeben. Die Steinmetzarbeiten stammen von den Brüdern Josip und Nikola Andrijić. Heute beherbergt der Palast das Historische Archiv mit wertvollen Dokumenten aus dem 16. und 17. Jh.

Srđ ➡ nördl. aA4
Untere Station: Petra Kresimira IV bb
✆ (020) 325-393
www.dubrovnikcablecar.com
Zum Hausberg mit **Napoleon-Festung** kann man laufen (30 bis 45 Min.) oder per **Seilbahn** hinauffahren und die herrliche Aussicht auf die Altstadt, das Inselchen Lokrum und die westlich liegenden Elaphiten-Inseln genießen. Zudem gibt es ein Bistro, eine Ausstellung zum Seilbahnbau und in der Festung eine anschauliche Dokumentation zum letzten Krieg.

St.-Blasius-Kirche/ Crkva sv. Vlaho ➡ aC4
Luža ulica, Dubrovnik
Dem Schutzpatron Dubrovniks geweiht und im 18. Jh. an der Stelle einer abgebrannten Kirche erbaut. Sie birgt u. a. die Statue des hl. Blasius, die Künstler aus Dubrovnik im 15. Jh. aus vergoldetem Silber schmiedeten.

Stadtmauer/ Gradske zidine ➡ aB2–4
Dubrovnik
✆ (020) 324-641
Zugang von mehreren Stellen aus möglich
Für einen ersten Überblick bietet sich der 2 km lange Spaziergang fast rund um die ganze Altstadt an. Man wird mit mächtigen Mauern und Bastionen sowie einem herrlichen Blick auf das Dächergewirr belohnt.

Synagoge/Sinagoga ➡ aB4
Župdioska ulica, Dubrovnik
✆ (020) 321-028
Zweitälteste aktive Synagoge der Welt. Das Museum zeigt religiöse Gegenstände und dokumentiert die Geschichte vom 12. bis 17. Jh.

Restaurant Nautika ➡ aB1
Brsalje 3, Dubrovnik
✆ (020) 442-526
www.nautikarestaurants.com
Gourmetrestaurant, Café und Bar in der ehemaligen Nautikerschule mit Blick auf die Vorfestung Lovrijenak und die Kasemattenfestung Bokar. Spezialitäten von Fisch, Krusten- und Schalentieren, hochgelobte Steaks. €€€

Kopun ➡ aD3
Poljana Rudera Boskovica 7
Dubrovnik
✆ (020) 323-969
www.restaurantkopun.com
Gehobenes Restaurant mit vorzüglicher kroatischer und mediterraner Küche, vor allem Grillspezialitäten. Sehr schöne Terrasse, wohltuendes Ambiente und guter Service. €€–€€€

Gradska Kavana Arsenal Restaurant & Bar ➡ aC4
Pred Dvorom 1, Dubrovnik
✆ (020) 321-202
www.nautikarestaurants.com
Guter Service kennzeichnet das beliebte Restaurant, das bereits 1895 eröffnet wurde. Das Dinner wird gern mit Ausblick auf den Stadthafen oder im gemütlichen Gewölbe eingenommen. Fisch- und Fleischgerichte sind gleichermaßen lecker. Kaffee und Kuchen werden auf der hübschen Stein-

Oberhalb der Altstadt von Dubrovnik

Der schönste Blick auf Dubrovnik – mit der Seilbahn auf den Srđ

terrasse mit Blick auf die Kirche Sv. Blaha serviert. €€

Restaurant Orsan ➡ S16
Beim Yachtclub, Ivana Zajca 2
Dubrovnik
✆ (020) 436-822, www.restaurant-orsan-dubrovnik.com
Von der Terrasse Blick auf die Yachten und den Hafen Gruž. Guter Service, viele Fisch- und Fleischgerichte. €€

Restaurant Proto ➡ aC3
Široka ulica 1, Dubrovnik
✆ (020) 323-234
esculaprestaurants.com
Gutes Fischlokal in der Altstadt. Schön sitzt man auf der luftigen Terrasse. €€

Banje Beachclub ➡ S16
Banje-Bucht, Frana Supila 10/B
Dubrovnik
✆ (099) 314-6485
www.banjebeach.com
Beliebte Strandbar, Nachtclub mit DJs und Events.

Buža Bar ➡ aD3
Crijevićeva ulica 9, Dubrovnik
✆ (020) 323-406
Außer- und unterhalb der Stadtmauern an die kargen Felsen geschmiegte, einfach ausgestattete Terrassenbar. Bei Bier oder Wein genießt ein bunt gemischtes Publikum das Adria-Panorama mit der Insel Lokrum.

Dubrovnik Beer Company ➡ S16
Obana Pape Ivana Pavla II 15
Dubrovnik
✆ (095) 356-9620, www.dubrovacka pivovara.hr/tap-room
Gut frequentiertes Bierlokal in der alten Brauerei am Hafen. Neben Bier in einer Vielzahl von Sorten gibt es Konzerte, Aufführungen und Brauereiführungen.

Jazz-Bar Troubadour ➡ aC4
Bunićeva poljana 5, Dubrovnik
✆ (020) 323-476
Kleine Bar, täglich Livemusik, auch Tische draußen.

Boutique Lega Lega ➡ aB3
Dropćeva 3, Dubrovnik
✆ (020) 321-744
www.lega-lega.com
Eine kleine kroatische Ladenkette mit eigenem trendigen Label.

Dubrovačka kuća ➡ aB4
Svetog Dominika
Dubrovnik
✆ (020) 322-092
www.lostindubrovnik.com/dubrovacka-kuca-dubrovnik-shopping
Lokale Produkte: Salz, Spirituosen, Wein, Olivenöl, aber auch nette Keramik- und Glasgegenstände.

Dubrovniker Sommerfestspiele
Juli/Aug.
Theater-, Tanzaufführungen, Folkloredarbietungen, Musikveran-

Nachtleben in den Straßen von Dubrovnik

staltungen (v. a. Klassik) und Segelregatten an über 30 Orten der Stadt, auf Plätzen, in Kirchen, Klöstern, Palästen ... Es zählt zu den beeindruckendsten Festen der Welt.

Ausflugsziele:

Lokrum (Insel) ➡ S16
www.lokrum.hr
Die kleine vorgelagerte Insel wurde bereits 1945 zum Naturschutzgebiet erklärt. 1858 ließ Erzherzog Maximilian von Habsburg das Benediktinerkloster zum Schloss (heute ein Museum) umbauen und den üppig wuchernden Park anlegen.

Vom Stadthafen Dubrovniks aus pendeln stündlich Schiffe bis in den späten Abend. Neben schönen Felsbadebuchten ist der kleine Salzsee Totes Meer (Mrtvo more) – eigentlich ein Meerwasserbecken, entstanden durch eine eingestürzte Brandungshöhle – ein wunderbarer Badeplatz.

Trsteno ➡ S15
Der Küstenort, ca. 20 km nördlich von Dubrovnik, ist eine Idylle: Hier befindet sich der größte und älteste botanische Garten Dalma-

tiens. Bekannt ist die filmreife Kulisse aus der populären Fernsehserie Games of Thrones. Die Familie Gučetić-Gozze ließ hier 1502 eine Sommerresidenz mit großem Renaissancepark anlegen, die beim Erdbeben 1667 zerstört und dann wieder aufgebaut wurde. Üppig und dschungelartig wachsen Bäume und Sträucher aus aller Welt im 25 ha großen Arboretum. Der Brunnen wird von einem Aquädukt gespeist und von einer Neptunstatue bewacht. Vor dem Eingang stehen zwei riesige, über 500 Jahre alte Platanen.

Elaphiten, Archipel ➡ S15
Inselgruppe mit sagenumwobenen Riffs und Klippen, einer üppigen Vegetation, hübschen Dörfern und sogar sandigen Badebuchten.

Die drei Hauptinseln **Lopud**, **Šipan** und **Koločep** werden täglich vom Hafen Gruž aus angelaufen. Sie sind die größten Inseln und die einzigen bewohnten. Lopud ist die touristischste der Inseln und hat ein reiches Kulturerbe: ein befestigtes Franziskanerkloster (16. Jh.), zahlreiche vorromanische Kirchen und Ruinen. ■

Inselgruppe mit sagenumwobenen Riffen und Kliffen – das Archipel Elaphiten

Reiseregionen, Orte und Sehenswürdigkeiten

Istrien

Die fast 3000 Quadratkilometer große Halbinsel Istrien erstreckt sich geografisch vom Golf von Triest und vom slowenischen Karstplateau bis zum Kvarner-Golf. Der nördliche Teil der Halbinsel gehört zu Slowenien, die kleine Bucht von Muggia im Nordwesten zu Italien.

Istrien verführt den Reisenden mit seinem besonderen Charme aus venezianisch geprägten mittelalterlichen Städten, Trutzburgen auf karstig weißen Hügeln im Hinterland, wo satte Mischwälder und Wein gedeihen, sowie herrlichen Badebuchten an Kies- und Felsenküsten.

Seine 2000-jährige Geschichte begleitet den Besucher auf Schritt und Tritt: Die Römer hinterließen Relikte wie das riesige Amphitheater in Pula, das Städtchen Poreč prunkt mit seiner frühchristlichen Basilika, mittelalterlich geprägt sind Städte wie Rovinj, Vrsar und Novigrad, die alte Bergbaustadt Labin lockt mit einem Museumsstollen, malerisch liegen die alten Trutzburgen Grožnjan, Motovun und Buzet auf ihren Hügeln im Hinterland.

Naturparadiese wie der Nationalpark Brijuni mit seinen zahlreichen Inselchen und der Naturpark Učka, der sich schützend hinter der Ostküste der Halbinsel erhebt, begeistern nicht nur Mountainbiker und Wanderer. Rennradfreunde freuen sich über extra ausgewiesene Straßen und Wege, über die sich die Halbinsel entdecken lässt. Die Unterwasserwelt lädt zum Schnorcheln und Tauchen ein.

Gourmetfreunde wissen längst um die Gaumengenüsse Istriens: prämierte Olivenöle und Weine, Trüffelgerichte, fangfrische Fische sowie saftige Muscheln und Austern aus dem Limski fjord.

Brijuni-Inseln, Nationalpark

➡ H1

Das aus 14 Inseln bestehende Archipel Brijuni (ital. Brioni) ist seit 1983 als Nationalpark geschützt. Von Fažana starten die Boote auf die Hauptinsel **Veli Brijun**, die einst Sommersitz des jugoslawischen Staatschefs Tito und somit für Normalbürger gesperrt war. Nur geladene Gäste – Staatsoberhäupter und Stars – bekamen Zutritt. Eine Fotoausstellung im Museum zeigt, wer zur Elite zählte.

Zu den Sehenswürdigkeiten der Insel führt eine Touristenbahn: zur Ausgrabungsstätte des byzantinischen Castrums, zu einer Festung aus der Bronzezeit, zu den römischen Überresten einer imposanten Villa und zu einem Freilandzoo mit Mufflons, Pfauen, Giraffen und anderen exotischen Tieren.

Mit Maske und Schnorchel ist der 500 Meter lange Unterwasserlehrpfad in der Bucht Verige »begehbar«, er erklärt Naturschönheiten und archäologische Funde.

Es gibt auch einen Yachthafen, einen Golfplatz, vier Tennisplätze und ein paar Unterkünfte und Restaurants.

Nationalpark Brijuni

➡ H2

Brijuni, 52100 Pula
✆ (052) 525-882, -883
www.np-brijuni.hr

Vom Fährort Fažana pendeln Schiffe auf die Insel Veli Brijun. Die anderen Inseln sind nicht frei zugänglich. Der Besuch der Hauptinsel kann über Agenturen oder direkt bei der Nationalparkverwaltung als Ausflug gebucht werden. Man kann dort auch übernachten. Privatboote dürfen nur auf Veli Brijun anlegen, benötigen aber eine Genehmigung.

Labin ➡ G3

Die malerische mittelalterliche Stadt thront auf einem Hügel, ist durch Bastionen und eine Stadtmauer gut befestigt und besitzt prachtvolle venezianische Paläste. Ihr früherer Name Albona bedeutet »Stadt der Hügel«. In Labin kam der in Wittenberg und Straßburg lehrende Reformator Matthias Flacius Illyricus (Matija Vlačić, 1520–75) zur Welt und hier riefen Bergarbeiter – mit ihrer Situation unzufrieden – 1921 die Labiner Republik aus. Sie waren maßgeblich an der Befreiung Istriens von der italienischen Okkupation beteiligt. Um Labin herum wurde bis in die 1980er Jahre Steinkohle abgebaut.

Ein Rundgang durch das Städtchen und ein Blick vom Glockenturm auf die hügelige Umgebung lohnen auf jeden Fall. Wer entspannen möchte, fährt oder wandert hinab ans Meer in den ehemaligen Fischer- und nun beliebten Ferienort **Rabac** mit vielen Hotels, einem Campingplatz und schönen Badebuchten.

Tourist Information ➡ G3
Titov trg
52220 Labin
✆ (052) 852-399
rabac-labin.com/de

Stadtgalerie/ Gradska Galerija ➡ G3
Battiala-Lazzarini-Palast (neben Kirche Sv. Marija), Labin
✆ (052) 852-123
Eintritt frei

Das mittelalterliche Labin

Trüffel

Die Heimat der istrischen Trüffel *(tartuf)* liegt entlang dem Mirna-Tal in den feuchten Wäldern um die Orte Motovun, Livade, Oprtalj und Buzet. In dieser Region wächst nicht nur die schwarze, sondern auch die begehrte weiße Trüffel, d.h. fast ganzjährig können diese Knollen geerntet werden. Die weiße Trüffel ist in ihrer Qualität weltbekannt, gibt es doch nur wenige Gebiete überhaupt, wo diese leicht stinkende Knolle gedeiht. Da die Trüffel als Pflanze nicht erkennbar ist und nur unter der Erde wächst, suchen sie speziell auf diesen Geruch dressierte Hunde.

Einen Eintrag im Guinnessbuch der Rekorde schaffte Gianfranco Zigante aus Livade im Jahr 1999 mit seiner riesigen, 1,31 Kilogramm schweren weißen Trüffelknolle. Die weiße Trüffel *(Tuber magnatum pico)* wird von Oktober bis Januar geerntet, die schwarze Trüffel *(Tuber aestivum vitt)* von Mai bis Oktober.

Die von Gourmets weniger geschätzten Unterarten der schwarzen Trüffel (u.a. *Tuber ubicatum, Tuber melanu sporum*) reifen von Januar bis Mai. Die schwarze Trüffel wächst im Gegensatz zur weißen Trüffel übrigens auf den Bergen und bis in die Gegend um Pazin.

Frische Trüffelgerichte erkennt man an den hauchfein geschnittenen weißen oder schwarzen Scheiben. Ein Gramm frischer weißer Trüffeln kostet rund fünf Euro, schwarzer Trüffeln hingegen nur 50 Cent. Mit Trüffeln angereicherte Speisen werden meist mit getrockneter und dann geriebener Trüffel versehen und sind somit auch preiswert zu haben. So variiert neben dem Geschmack auch stark der Preis – frische Trüffelgerichte sind teuer.

Trüffeln finden in verschiedensten Gerichten Anwendung: in Omeletts, zu Fuži-, Gnocchi-, Spaghetti-Speisen sowie zu Fleischvariationen, aber auch in Desserts. Jedes Jahr kommen neue Raffinessen dazu.

In Istrien gibt es spezielle Trüffelläden, die frische und konservierte Trüffeln und Trüffelprodukte anbieten. Trüffelrestaurants haben sich unter dem Namen *Tartufo vero* zusammengeschlossen – hier kann man sicher sein, frische und gute Produkte zu erhalten.

Weiße Trüffeln aus dem Mirna-Tal (Istrien)

Im schmucken Palast aus dem 17./18. Jh. sind archäologische Funde sowie Dokumentationen zur Arbeiterbewegung und zum Leben der Bergarbeiter zu sehen. Ein kleiner Bergwerksstollen kann begangen werden.

Novigrad ➡ F1

Ein hübsches mittelalterliches Städtchen auf einer Halbinsel mit lauschigen Gassen und großem Yachthafen. Novigrad ist mit seiner fast unversehrt gebliebenen Zinnenmauer ein ruhiger und beschaulicher Urlaubsort. Sehenswert sind der **Stadtpalast Rigo** und die **Pfarrkirche St. Pelagius** (Sv. Pelagij).

Es gibt einige Restaurants und Hotels. Die Stadt ist auch guter Ausgangsort für Erkundungen des **Mirna-Tals**.

Tourist Information ➡ F1
Mandrač 29, 52466 Novigrad
✆ (052) 757-075
coloursofistria.com
www.istra.hr/de

Ausflugsziele:

Mirna-Tal ➡ F2
Der Fluss Mirna mündet bei Novigrad in das Adriatische Meer. Das von Hügeln umgebene Tal mit den mittelalterlichen Trutzburgen **Buzet**, **Motovun**, **Oprtalj** und dem Musikerstädtchen **Grožnjan,** das im Sommer zu einer großen Bühne unterschiedlicher Musikstile wird, ist als Ausflugsziel begehrt – vor allem bei Fahrradfahrern, die die ausgeschilderten Fahrradwege schätzen (www.istria-bike.com/de/routen). Das Mirna-Tal ist die Heimat der begehrten schwarzen und vor allem weißen Trüffeln, Hochburg ist das Örtchen Livade.

Trüffelrestaurant & Enoteca Zigante ➡ F2
Livade 7, Livade
✆ (052) 664-302
restaurantzigante.com
Hier führt der »König des istrischen Trüffelhandels«, Gianfranco Zigante, sein berühmtes Lokal. €€€

Pazin ➡ F2

Die Stadt ist Verwaltungssitz Istriens und birgt eine der besterhaltenen **Burganlagen** mit einem sehenswerten ethnografischen Museum. Das Gewässer des Limski fjord tritt hier in Verbindung mit dem Fluss Fojba unterhalb beim Kastell wieder an die Erdoberfläche.

Der Held in Jules Vernes Roman »Mathias Sandorf« entfloh hier über die Festungsmauer hinab zum Fluss aus seiner Gefangenschaft. Ein schöner Spazierweg führt hinunter zur Paziner Schlucht und Höhle.

Für Adrenalinausstoß sorgt die **Seilrutsche** von der Burg zum Hotel Lovac.

Ausflugsziele:

Roč ➡ F2
Der kleine Weiler mit seiner gut erhaltenen **Befestigungsanlage** war einst Zentrum des weitverbreiteten glagolitischen Schrift- und Brauchtums, das im Widerstand zur lateinischen Papstkirche stand. In Erinnerung an die Glagoliza (vgl. S. 28) wurde an der Straße nach Hum die **Glagoliter-Allee** mit elf Denkmälern errichtet.

Hum ➡ F2
In der »kleinsten Stadt der Welt«, die sich etwa 14 km südöstlich von Buzet befindet, leben ca. 30 Einwohner. Hier endet die **Glagoliter-Allee** mit dem Stadttor, das eine Begrüßung in glagolitischer Schrift ziert. Weit fällt von hier der Blick über die Hügellandschaft Istriens.

Glagoliza

Diese altslawische Schrift, die aller Wahrscheinlichkeit nach im 9. Jahrhundert vom »Slawenapostel« Kyrillos aus Saloniki geschaffen wurde, sollte zum besseren Verständnis seiner Bibelübersetzung dienen. Grundlage der glagolitischen Schrift sind die griechischen Kleinbuchstaben in Kombination mit den Lettern des orientalischen Alphabets. Trotz des Widerstands der lateinisch orientierten Kirche findet man sie bis heute in der slawisch kirchlichen Literatur. Verbreitungsgebiet war vor allem der nördliche Adriaraum, wo man u. a. an vielen Kirchen glagolitische Inschriften findet. Einen guten Einblick verschafft auch das Museum in der Universitätsbiliothek in Rijeka. Besonders auf der Insel Krk ist die Glagolizia in vielen Steininschriften, Handschriften und Drucken erhalten, zudem fertigten in Baška Künstler Steinmonumente mit dem glagolitischen Alphabet.

2 Poreč (Parenzo) ➡ F1

Die Geschichte der malerischen, auf einer kleinen Landzunge erbauten Stadt reicht bis ins Neolithikum; die Histrer bauten hier ihren ersten geschützten Hafen. Wegen der strategisch günstigen Lage an der römischen Heerstraße zwischen Aquileia und Pula entstand hier ein Heeresstützpunkt, der Handel florierte und die Einwohnerzahl wuchs. Cäsar erhob das damalige Parentium zum Municipium und Kaiser Tiberius verlieh ihm den Ehrentitel *Colonia Julia Parentium*. Noch heute erinnern die Straßennamen Decumanus und Cardo Maximus an diese Zeit.

Bedeutendstes Baudenkmal von Poreč ist die beeindruckende **Euphrasius-Basilika** mit byzantinischen Mosaiken, die zum UNESCO-Weltkulturerbe gehört.

Poreč ist eine Stadt zum Bummeln mit netten Boutiquen und Galerien in den Gassen. Immer wieder kann man hübsche Winkel und Fassaden entdecken und auf einem der schön gestalteten Plät-

Malerisch auf einer kleinen Landzunge gelegen: Poreč (Parenzo)

ze wie dem **Trg Marafor** haltmachen. Hier reihen sich Cafés und Bars mit guter Musik für die lauschigen Nächte.

Die Stadt zählt zu den bekanntesten und ältesten Touristenorten Istriens an der fast 20 Kilometer langen Riviera.

Tourist Information ➡ F1
Zagrebačka 9, 52440 Poreč
✆ (052) 451-293
www.myporec.com/de

Heimatmuseum der Poreština/Zavičajni muzej Poreštine ➡ F1
Decumanus 9, Poreč
✆ (052) 431-585
www.muzejporec.hr
Das älteste istrische Museum ist im Barockpalast Sinčić untergebracht. Zugänglich ist das Lapidarium, das 2000 Exponate von Ausgrabungen in der Gegend um Poreč zeigt. Jazzkonzerte im Juli und August.

Euphrasius-Basilika/ Eufrazijeva bazilika ➡ F1
Eufrazijeva ulica, Poreč
✆ (052) 887-218 (Konzerttickets)
www.myporec.com/de
Bedeutendes Werk spätantiker und frühbyzantinischer Baukunst (4.–6. Jh.), nach Bischof Euphrasius benannt. Vom Turm herrlicher Blick über die Stadt. Im Sommer klassische Konzerte.

Restaurant Peterokutna Kula ➡ F1
Decumanus 1, Poreč
✆ (052) 451-378
www.kula-porec.com.hr
Im eindrucksvollen Ambiente des historischen Fünfeckturms aus dem 15. Jh. und mit schönen Plätzen im Freien. Beste istrische Küche, Weine und Cocktails. €€

Konoba Kvartin ➡ F1
Humska 14, Poreč-Vranići
✆ (052) 438-364

Eindrucksvolle Mosaiken in der Euphrasius-Basilika in Poreč

Familiäres Lokal, innen gemütlich mit alten bäuerlichen Gerätschaften ausgestattet, im Freien sitzt man überdacht oder im Grünen. Istrisches Essen wie Fuži, Manestra, Beefsteak mit Trüffel, Spanferkel und Fischgerichte. €–€€

Festivals
Street Art Festival im August mit Kultur und Musik; Anfang Juni die **Messe der istrischen landwirtschaftlichen Produkte** (Honig, Olivenöl, Wein, Naturkosmetik etc.) auf dem Platz Slobode, wo auch jeden Donnerstag ein Bauernmarkt stattfindet. Weitere Infos zu Veranstaltungen unter www.myporec.com/de.

Ausflugsziele:

Höhle Baredine/ Jama Baredine ➡ F1
Nova vas
Ca. 5 km nördl. von Poreč
✆ (098) 224-350
baredine.com/de
Führung 40 Min., gutes Schuhwerk empfehlenswert
Die Tropfsteinhöhle wurde 1995 von Höhlenforschern aus Poreč entdeckt und geht in fünf Sälen 135 Meter tief hinab zu einem kleinen See mit Grottenolm. Hier finden sich bizarre rote und weiße Stalagmiten und Stalaktiten.

Sv. Nikola ➡ F/G1
Die Insel liegt in Sichtweite von Poreč, das Taxiboot fährt ab dem Stadthafen bis spätabends. Zum Baden findet man Kiesstrand und Felsküste.

Weinstraße um Poreč ➡ F1
Istrien ist aufgrund des milden Klimas und der geeigneten Böden das führende Weinanbaugebiet Kroatiens. Eine ausgeschilderte Weinstraße (Vinska Cesta Poreštine) führt von Poreč ins Hinterland in Richtung Višnjan und Vižinada. Die meistverbreitete Rebsorte ist Malvasia.

3 Pula (Pola) ➡ H2

Bereits im Neolithikum war dieses Gebiet besiedelt. Unter dem römischen Kaiser Augustus erlebte die Stadt ihre erste Blütezeit und wurde *Colonia Julia Pola Pollentia Herculanea* genannt, heute heißt sie schlicht Pula und ist mit 52 200 Einwohnern kulturelles und wirtschaftliches Zentrum Istriens, eine Hafenstadt mit zahlreichen Werften und lebendige Touristenmetropole.

Die zahlreichen römischen Relikte der Altstadt fallen einem sofort ins Auge. Unübersehbar ist das **Amphitheater**, das Kaiser Vespasian errichten ließ. Seine Ausmaße sind gigantisch: Der elliptische Bau ist 132 Meter lang, 105 Meter breit und 33 Meter hoch; früher bot er 23 000 Besuchern Platz. Das Volk sah sich Gladiatorenkämpfe oder sogar Seeschlachtenspektakel in der gefluteten Arena an. Heute können bis zu 12 000 Besucher in einer eher gedämpften und romantischen Atmosphäre Konzerte und Theateraufführungen genießen. Die

Tempel des Augustus auf dem Forumsplatz in Pula

Unübersehbar: das Amphitheater von Pula

unterirdischen Gänge und Räume mit Ausstellungen können ebenfalls besichtigt werden.

Beschaulichster Platz Pulas ist der **Forumsplatz** mit **Augustus-Tempel** (2 v. Chr.–14 n. Chr.), **Dianatempel** (unverändert seit dem 17. Jh.) und einladenden Cafés. Ein weiteres gut erhaltenes Relikt der Stadtgeschichte ist der **Triumphbogen der Sergier** (29–27 v. Chr.) am Ende der gleichnamigen Fußgängerzone.

Südwestlich der Stadt in **Verudela** liegen die großen Hotels und Campingplätze, weiter nach Süden folgen die beliebten Feriensiedlungen **Medulin, Pomer, Premantura** und **Banjole** – Hotels, Apartments, Campingplätze, ein großes Sportangebot, ein reges Nachtleben und auch die Yachthäfen locken viele Besucher an.

Tourist Information ➡ H2
Forum 3
52100 Pula
✆ (052) 219-197
www.pulainfo.hr

Archäologisches Museum/ Arheološki muzej Istre ➡ H2
Carrara ulica, Pula
✆ (052) 351-300
www.ami-pula.hr
Derzeit wegen Renovierung geschl. Das bedeutendste istrische Museum mit Funden der Histrer, der Römer und aus dem Mittelalter. Zu sehen sind u.a. Grabausstattungen und Beigaben der Histrer, Byzantiner und Slawen; zudem Mosaike und viele Keramiken. Hinter diesem Museum kann man noch die Reste des kleinen römischen Theaters und das römische Doppeltor sehen.

Amphitheater/ Amfiteatar ➡ H2
Scalierova ulica 30
Pula
✆ (052) 219-197
www.pulainfo.hr
Beeindruckendes römisches Theater, das sechstgrößte seiner Art weltweit. Eine besondere Attraktion sind die **Musik- und Theateraufführungen** im Amphitheater im Juli und August mit grandioser Akustik: Ballett, Opern und Konzerte von Klassik und Jazz bis Pop. Infos über die Tourist Information.

Aquarium ➡ H2
Fort Verudela bb, Pula
✆ (052) 381-402
www.aquarium.hr

Etwa 60 Meerwasserbecken, eingerichtet in einer Festung aus dem Jahr 1886 auf der Halbinsel Verudela nahe dem Meer. Gezeigt werden (auch im Festungsgraben) einheimische und tropische Fische.

Restaurant Milan ➡ H2
Stoja 4, Pula
✆ (052) 300-200
www.milan1967.hr
Stilvolles Hotel-Restaurant im Stadtteil Stoja im Zeichen der Olive. Man speist im Atrium, das um einen Olivenbaum herum erbaut ist. Es gibt frische Fische, Krusten- und Schalentiere und auch leckere Fleischgerichte. Eigene Olivenöl- und Essigherstellung in der Enotheka nebenan. €€–€€€

Nachtleben ➡ H2
Pula ist wegen seines regen Nachtlebens beliebt. Man geht in die Discobar **Pietas Julia** (Riva 20, pietasjulia.com) gegenüber vom Hafen, in den Stella Club (Valturska 71) oder in eine der zahlreichen **Cafébars** in der Altstadt.

Seasplash ➡ H2
Fort Punta Christo, bei Štinjan
seasplash-festival.com/en
Das Musikfestival für Freunde von Reggae, Ska, Hip-Hop, Elektro etc. im Juli.

Ausflugsziele:

Nesactium ➡ H2
Die antike Ausgrabungsstätte liegt ca. 10 km östlich von Pula und war die Hauptstadt der Histrer. Zu sehen sind u.a. Reste von Thermen und ein Forum.

Kamenjak ➡ J2
Diese zerklüftete Landzunge südlich von Pula, an der südlichsten Spitze der Halbinsel Istrien, wurde zum Naturreservat erklärt und birgt zahlreiche Badebuchten.

4 Rovinj ➡ G1
Ein Dächergewirr, aus dem ein hoher Kirchturm ragt, dicht zusammengedrängt auf einer Halbinsel – so präsentiert sich das Städtchen, das im 7. Jahrhundert von

Panoramablick auf Rovinj

Hafen und Altstadt von Rovinj

den Slawen seinen Namen erhielt. Wegen der zahlreichen Galerien und Kunstwerkstätten wird es gern das »istrische Montmartre« genannt. Bis zum 18. Jahrhundert war Rovinj eine befestigte Insel, dann schüttete man den Kanal zu (heutige Fußgängerzone) und expandierte auf das Festland. Unter den Österreichern erlebte der Ort als größter Hafen an der Westküste seine Blüte. Mitte des 19. Jahrhunderts verlor er durch die aufstrebenden Städte Triest und Pula an Bedeutung.

Rovinj zieht mit seinem mittelalterlichen Charme und seinen vielen Lokalen, Cafés, Boutiquen und Galerien Urlauber mit den verschiedensten Interessen an. Es gibt ein großes Sport- und Unterhaltungsprogramm und Ferienanlagen aller Kategorien.

Badeurlauber zieht es an die Buchten der Halbinsel **Zlatni Rt** oder auf die vorgelagerten **Inseln Sv. Katarina** und **Sv. Andrija**.

Tourist Information ➡ G1
Trg na mostu 2, 52210 Rovinj
✆ (052) 811-566
www.rovinj-tourism.com/de

Stadtmuseum/ Muzej grada Rovinja ➡ G1
Palais Califfi
Trg maršala Tita 11
Rovinj
✆ (052) 816-720
www.muzej-rovinj.hr
Das Stadtmuseum zeigt in einem Barockpalast aus dem 17./18. Jh. seine kleine archäologische und ethnologische Sammlung. Außerdem sind wechselnde Kunstausstellungen zu sehen.

Kirche der hl. Eufemija/ Crkva Sv. Eufemije ➡ G1
Eufrazijeva ulica
Rovinj
Ihr Inneres zieren wertvolle Gemälde (»Das letzte Abendmahl« von Giovanni Contarini) und Skulpturen (von Gerolamo Laureato). Vom höchsten Kirchturm Istriens (60 m) kann man weit über Land und Küste blicken. Anfang des 18. Jh. an der Stelle einer altchristlichen Kirche erbaut.

Aquarium ➡ G1
Obala G. Paliaga 5
Rovinj
✆ (052) 804 712

Der höchste Kirchturm Istriens: Sveta Eufemija in Rovinj

Verschiedene Aquarien gewähren Einblicke in die Unterwasserwelt Kroatiens.

Restaurant Orca ➡ G1
Gripole 70, Rovinj
✆ (052) 816-851
www.orca-rovinj.com
Beliebte Küche: Hausgemachte Pasta und Fuži mit Trüffel oder Wild, frischer Fisch, Krustentiere und Muscheln. €€

Restaurant Amfora ➡ G1
Obala A. Rismondo 23, Rovinj
✆ (052) 816-663
www.amfora-rovinj.com
Vom gut geführten Fischlokal aus hat man einen schönen Blick auf die Altstadt. Spezialitäten sind neben Fisch Krustentiere und Lasagne mit Meeresfrüchten. €–€€

Konoba Veli Jože ➡ G1
Ul. Sv. Križa 1, Rovinj
✆ (052) 816-337, www.velijoze.net
Uriges und traditionsreiches Lokal mit Sitzgelegenheiten auch nahe dem Kai. Aufgetischt werden typische Gerichte wie Vorspeisenteller mit marinierten Sardellen, hausgemachte Fuži mit Gulasch, Seeteufel, Lammfleisch und dazu süffiger Wein. €–€€

Grisia ➡ G1
2. So im August
Bei dem großen Open-Air-Art-Spektakel befestigen Künstler ihre Werke in der Grisia-Gasse an den Fassaden.

Rovinjska noć/Rovinjer Nacht ➡ G1
Zweitägiges Fest im August, das mit einem Feuerwerk abschließt.

Ausflugsziele:

Histria Aromatica
Pižanovac bb, 52 211 Golaš (20 km nordöstl. von Rovinj)
✆ (099) 349-6904
www.histriaaromatica.hr
Auf einem Hügel mit fantastischer Weitsicht werden auf 25 ha u. a. Heilkräuter, Feigen, Wein und Oliven biologisch angebaut. Daraus entstehen Tees, Seifen, Salben sowie viele weitere Produkte, die im Hofladen angeboten werden. Auf angelegten Pfaden kann man herrlich spazieren oder im guten Restaurant die leckeren Gerichte oder den Hauswein kosten.

Limski-Kanal
Vgl. S. 35 f.

Umag ➡ F1

Das nördlichste istrische Küstenstädtchen besitzt zwar nur einen kleinen Altstadtkern, aber dafür einen der größten Yachthäfen Kroatiens. Den Altstadtplatz Trg Slobode dominiert die große, im 18. Jahrhundert erbaute **Pfarrkirche hl. Maria und hl. Pelegrin,** dazu gibt es ein kleines Stadtmuseum mit antiken Funden.

Um Umag reihen sich kilometerweit Ferienkomplexe und Campinganlagen mit einem riesigen Sportangebot. Zudem ist die Stadt ein Tenniszentrum – jedes Jahr Ende Juli findet hier das Turnier der **Croatia Open** statt.

Tourist Information ➡ F1
Trgovačka 6, 52470 Umag
✆ (052) 741-363
coloursofistria.com

**Stadtmuseum/
Muzej Grada Umaga** ➡ F1
Trg sv. Martina 1
Umag
✆ (052) 720-386
www.mgu-mcu.hr
Gezeigt werden antike Funde wie Amphoren, im Erdgeschoss gibt es eine Galerie.

Vrsar ➡ G1

Das kleine Städtchen liegt malerisch auf einem Hügel und wird dominiert von der großen Pfarrkirche **Sv. Martin**, 1804 erbaut. Hübsche Gassen durchziehen den alten Ortskern, von dem man einen herrlichen Blick hinab auf den Yachthafen und auf die zahlreichen vorgelagerten kleinen Inseln genießt. Der nahe **Skulpturenpark** zeigt Werke von Dušan Džamonja, u. a. aus Metall und Marmor.

Südlich der Stadt liegt das große FKK-Camp Koversada, das zweitgrößte Europas, und angrenzend der **Limski-Kanal,** ein Naturreservat, das man am schönsten bei einem Bootsausflug erkundet.

Tourist Information ➡ G1
– Obala M. Tita 23 (nahe der Marina), 52450 Vrsar
✆ (052) 441-746
infovrsar.com
– Rade Končara 46 (Altstadt)

Ausflugsziele:

Limski-Kanal/Limski fjord ➡ G1
Der Limski-Kanal ist ein ca. 10 km langer Meereseinschnitt eines vor 10 000 Jahren versunkenen Karst-

Der Limski-Kanal aus der Vogelperspektive

Blick auf Cres

tals, der sich vom Meer landeinwärts durch ein unberührtes, von Bergen umgebenes Tal in Richtung Pazin schlängelt. In diesem schönen Naturreservat werden Muscheln und Austern gezüchtet, die wegen der Süßwasserquellen besonders saftig schmecken. Am besten erkundet man den Kanal und seine Ufer bei einer organisierte Bootstour.

Viking ➡ G1
Limski-Kanal, Kanfanar
✆ (052) 448-223
Eine Stichstraße führt zum Restaurant mit großer Terrasse. Spezialitäten sind frische Muscheln, Austern aus dem Fjord und frische Fische. €€

Kvarner-Bucht

Küste, Inseln, Berge – so zeigt sich diese vielfältige Region im Norden Kroatiens. Hier wurde der Grundstein des kroatischen Tourismus gelegt – die Adligen aus den Wiener Hofkreisen kurten und feierten an den Rivieras.

Die Kvarner-Region liegt an der gleichnamigen großen Meeresbucht und umfasst die Küstenregion von der Opatija-Riviera bis zu den im Süden liegenden Rivieras von Crikvenica und Novi Vinodolski, dazu die großen Inseln Cres, Lošinj, Krk und Rab. Das bergige Hinterland des Gorski Kotar erstreckt sich nordöstlich der großen Hafenstadt Rijeka. An der Opatija-Riviera liegen u. a. die noblen Seebäder Opatija und Lovran mit ihren prachtvollen Villen, die sich im subtropischen Grün verstecken. Das Ende der Kvarner-Küste bildet das Uskokenstädtchen Senj.

Zwei Naturparadiese locken im Hinterland: der Nationalpark Plitvicer Seen sowie der Nationalpark Risnjak, ein wundervolles Wandergebiet.

Das glasklare Wasser der zahlreichen Inseln eignet sich hervorragend zum Tauchen und Schnorcheln. Auch Wanderer und Mountainbiker lieben die Inseln.

Cres (Insel) ➡ G–J3–4

Mit etwa 405 Quadratkilometern ist die Insel Cres *[tsres]* neben Krk die größte bewohnte Insel Kroatiens. Allerdings leben nur ca. 3000 Menschen auf dem kargen Eiland, das von Steinmäuerchen, knorrigen Olivenbäumen und herrlich duftenden Kräutern überzogen ist. Im Süden ist Cres mit der Insel Lošinj durch eine Drehbrücke verbunden.

Der gleichnamige Hauptort **Cres** ➡ H3/4 mit seinem großen Yachthafen ist eines der kleinen touristischen Zentren. Am südlichen Ende von Cres, gegenüber der Insel Lošinj, liegt das 4000 Jahre alte Städtchen **Osor** ➡ J3. Die im Ortskern aufgestellten Bronzefiguren Musizierender weisen auf die Mitte Juli bis Mitte August zweimal wöchentlich stattfindenden Musikabende in der Marienkathedrale aus dem 15. Jahrhundert hin. Die frühere kroatische Währung Kuna (= Marder) hat in Osor ihren Ursprung. 1018 kaufte sich die Stadt von Venedig mit einem Vertrag frei: 40 Marderfelle mussten jährlich als Tribut bezahlt werden. Eine Bronzeplastik erinnert daran.

Im hübschen, autofreien Badeort **Valun** ➡ H3 kann man in der Ortskirche die »Tafel von Valun« mit lateinischer und glagolitischer Inschrift aus dem 11./12. Jahrhundert betrachten. **Martinšćica** ➡ H3 verfügt über einen großen und sehr gut ausgestatteten Campingplatz und zahlreiche Ferienwohnungen.

Beim kleinen Ort Osor verbindet eine Drehbrücke die beiden Inseln Cres und Losinj

Einen Besuch lohnen auch die Fluchtburgsiedlungen **Lubenice** ➡ H3 und **Beli** ➡ G3, auf einem Felsplateau hoch über dem Meer, unten leuchten türkisfarbene Badebuchten. Um Beli herum wurden **Wander- und Lehrpfade** unterschiedlicher Länge angelegt und Wege mit Skulpturen und Sinnsprüchen gestaltet.

Tourist Information ➡ H3/4
Cons 10 (am Hafenbecken)
51557 Cres
✆ (051) 571-535
www.visitcres.hr

Eco-Centar ➡ G3
Beli 4, Primorsko-Goranska
✆ (091) 184-0525
www.facebook.com/EkocentarBeli
Hier ist ein Infocenter untergebracht, das über die Gänsegeier *(gyps fulvus)* informiert. Zudem gibt es auch eine Ausstellung über die hiesige Tier- und Pflanzenwelt.

Konoba Bukaleta ➡ H4
Loznati
✆ (051) 571-606
Der rustikale Landgasthof mit überdachter Terrasse tischt Lammspezialitäten in allen Variationen auf, u.a. Lammsuppe, und gekochtes, gebackenes oder gegrilltes Fleisch. €

Crikvenica ➡ G4

Die Stadt mit ihren rund 7000 Einwohnern bildet den touristischen Mittelpunkt der Riviera von Crikvenica und Vinodol. Das schützende Vinodol-Gebirge im Hinterland sorgt für mildes Klima, üppige Vegetation und wenig Niederschlag im Sommer. Mit über 120 Jahren Tourismus zählt Crikvenica zu den ältesten Seebädern Kroatiens und einige Villen und Paläste, u.a. das **Hotel Therapia**, erinnern an die Zeit, als die Adeligen aus Wien mit der Eisenbahn anreisten, um hier zu kuren.

Erntefrische Granatäpfel

Die Römer hatten hier ihre Militärsiedlung Ad Turres und die Fürsten Frankopan stifteten den Paulanern im 15. Jahrhundert ein Kloster – nun **Hotel Kaštel** –, in dem der Maler Julio Klović seine erste Ausbildung erhielt. Heutzutage kommen die Touristen vor allem wegen der Bademöglichkeiten an dem zwei Kilometer langen Sand-/Feinkiesstrand und wegen der quirligen Atmosphäre in der Stadt.

Tourist Information ➡ G4
Trg Stjepana Radića 1 C (am Hafen), 51260 Crikvenica
✆ (051) 241-051
www.rivieracrikvenica.com

Aquarium ➡ G4
Vinodolska ulica 8
Crikvenica
✆ (051) 241-006
www.aquariumcrikvenica.com
In rund 30 Becken, die die natürlichen Bedingungen der Adria und auch tropischer Korallenriffe zeigen, schwimmen zahlreiche heimische und exotische Fischarten.

Sabbia ➡ G4
Strossmayerovo šet. 50 B
Crikvenica
✆ (051) 781-301
Restaurant, Pizzeria und Lounge-Bar am Strand mit lauschigen Terrassen. Moderne Küche. €€

Trabakul ➡ G4
Strossmayerovo šet. 10, Crikvenica
✆ (091) 623-1829

Beliebtes Lokal an der Uferpromenade mit Terrasse in Form eines Schiffes. Hier speist man traditionelle Gerichte. €–€€

Ausflugsziel:

Selce ➡ G5
Idyllischer Fischerort etwa 3 km südlich von Crikvenica.

Krk (Insel) ➡ G/H4/5

Die Insel Krk ist mit 410 Quadratkilometern neben Cres die größte kroatische Insel, hat über 17 000 Einwohner und ist durch eine imposante Brücke mit dem Festland verbunden. Sie verfügt über einen Flughafen, ein weitverzweigtes Straßensystem und expandiert immer weiter, weil viele Kroaten inzwischen wieder lieber hier anstatt in der Großstadt Rijeka wohnen. Karstig und kahl zeigt sich die Insel von der Festlandseite, fruchtbar im Innern. Dort wachsen Obst, Gemüse und der gute Wein Žlahtina. Es gibt viele Hotels, Pensionen und zahlreiche Campingplätze – auch für FKK-Freunde.

Der Hauptort **Krk** ➡ G4 war schon in der Antike kein unbeschriebenes Blatt, lieferten sich doch hier bereits Pompejus und Cäsar wilde Seeschlachten. Später war das mächtige, bis heute noch gut erhaltene Bollwerk mit **Kastell** (12. Jh.) Sitz der Frankopan-Fürsten. Der **Bischofspalast** am Hauptplatz der Stadt beherbergt wertvolle Gemälde italienischer Meister aus dem 16. und 17. Jahrhundert. Die mit ihrem Turm hoch aufragende **Marienkathedrale** wurde im 5./6. Jahrhundert auf römischen Thermen erbaut und im 12./13. Jahrhundert erweitert.

Punat ➡ H4 ist mit 1900 Menschen hinsichtlich der Einwohnerzahl die größte Ansiedlung der Insel Krk mit dem gut geschützten Yachthafen, einem der größten und ältesten Kroatiens. In **Glavotok** ➡ G4, einem Weiler in Sichtweite der Insel Cres, liegt verträumt das **Franziskanerkloster** – ein Geschenk des Fürsten Ivan Frankopan an glagolitische Mönche.

Vrbnik ➡ G4 ist ein malerisch oberhalb der Ostküste erbautes Weinstädtchen mit verwinkelten Gassen und Blick auf das Küstengebirge. Es war Bollwerk der Frankopan und Hochburg des Glagolismus (vgl. S. 28). Die Bibliothek **Dinko Vitezić Vrbničanin** birgt 15 000 Bände, darunter viele glagolitische Schriften und den »Atlas Scholasticus et Itinerarius« von G. D. Kochler, der 1748 in Nürnberg gedruckt wurde.

Baška ➡ H5, ein 1000-Einwohner-Städtchen, erstreckt sich an einer großen Sand- und Kiesbucht, umrahmt von kahlen weißen Bergen, die zum Wandern einladen. Die **Pfarrkirche** birgt ältere Gemälde und es gibt ein **Heimatmuseum**. Einen fantastischen Weitblick über Baška und die vorgelagerten Inseln hat man von der frühromanischen Kirche Sv. Ivan aus sowie von der mittelalterlichen Burgruine oberhalb von Baška.

In **Jurandvor** ➡ H5, einem kleinen Ort kurz vor Baška, steht das frühromanische Kirchlein Sv. Lucija, das auf einer *villa rustica* und einer altchristlichen Kirche im 6. Jahrhundert erbaut wurde. In ihrem Boden fanden Wissenschaftler 1851 das älteste kroatische Schriftdenkmal – die aus dem frühen 12. Jahrhundert stammende **Tafel von Baška**, eine Schenkungsurkunde. Hier ist nur noch die Kopie zu besichtigen, das Original wird in der Akademie der Wissenschaft und Künste in Zagreb aufbewahrt.

Tourist Information ➡ G4
Vela placa 1/1, 51500 Krk
✆ (051) 221-414
www.tz-krk.hr

Segelregatta mit historischen Booten vor Krk

Kastell Frankopan/ Frankopanski Kaštel Krk ➡ G4
Trg Kamplin, Krk
✆ (098) 726-884
www.kastel-krk.com
Das Bollwerk mit Innenhof, Wehrtürmen und Altstadtmauern kann besichtigt werden. Die Aussicht auf die Altstadt ist herrlich.

Klosterinsel Košljun ➡ G4
✆ (051) 854-017
www.kosljun.hr
Das von Steineichen bewachsene Inselchen liegt in der gleichnamigen Bucht. Das Kloster wurde im 13. Jh. von den Benediktinern gegründet und im 15. Jh. von den Franziskanermönchen übernommen. Die älteste Ansicht von Krk zeigt das Altargemälde in der Marienkirche, Madonna mit dem hl. Quirin (Schutzpatron), der die Stadt in seinen Händen hält. Im **Museum** kann man archäologische Funde besichtigen, zudem gibt es eine sakrale und ethnologische Sammlung. Die **Klosterbibliothek** ist reich mit glagolitischen Handschriften und Wiegendrucken ausgestattet. Zur Insel pendelt ein **Taxiboot** ab Punat.

Höhle Biserujka/ Špilja Biserujka ➡ G4
Rudine
✆ (098) 211-630
www.spilja-biserujka.com.hr
Die 12 m unter der Erde liegende kleine Höhle bei Rudine an der Ostküste birgt schöne Stalagmiten und Stalaktiten. Die Höhlentemperatur beträgt ganzjährig 15 °C.

Nada ➡ G4
Glavača 22, Vrbnik
✆ (051) 857-065
www.nada-vrbnik.hr
Von der Dachterrasse aus eröffnet sich ein fantastischer Blick auf das Küstengebirge. Es gibt hausgemachten Käse und Pršut, Fleisch- und Fischgerichte und natürlich den süffigen hauseigenen Žlathina-Wein. Zudem Einführung in den Weinbau und Verkostung im Weinkeller. €€

Wakeboard Cable Krk ➡ H4
Prvo more na Dunatu, Krk
✆ (098) 424-861
www.wakeboarder.hr
Wakeboard, Wasserski und andere Funsportarten auf einem 650 m langen Parcours in der Bucht von Punat. Von dem Café auf dem Terrassendach kann man auch schön den anderen zuschauen.

Wanderwege
✆ (051) 856-817
www.visitbaska.hr/de
Der Tourismusverband hat rund um Baška ➡ H5 und hinüber nach Stara Baška ➡ H4 schöne Wege verschiedener Längen und Schwierigkeitsstufen angelegt. Anfang/ Mitte Oktober findet das Baska Outdoor Festival statt.

Lošinj (Insel) ➡ J/K3/4

Eine Drehbrücke über den Kanal von Osor verbindet die Insel Lošinj mit der Insel Cres. Auf nur 75 Quadratkilometern leben rund 8000 Menschen. Durch das milde Klima ist die Insel teilweise üppig bewachsen, auch dank der Seefahrer, die exotische Setzlinge aus fremden Ländern mitbrachten.

Der Tourismus konzentriert sich auf den Hauptort Mali Lošinj und auf Veli Lošinj – beides Kurorte mit über hundertjähriger Tradition. **Mali Lošinj** ➡ K4 liegt rund um die große geschützte Hafenbucht Valle d'Agosto, in der prächtige Yachten ankern. An der Uferpromenade reihen sich bunte stattliche Häuser mit einladenden Cafés – es herrscht reges Treiben. Kunstliebhaber sollten sich die **Gallerie Fritzy** im gleichnamigen Palast ansehen.

Von Mali Lošinj aus kann man zu den Badeinseln **Susak** ➡ K3, **Unije** ➡ J3, **Ilovik** ➡ K4, **Silba** ➡ K/L4 schippern, im Rahmen von organisierten Ausflugstouren oder auch per Linienschiff.

Erholsam ist ein Spaziergang durch den Kiefernwald von Mali Lošinj zum beschaulichen **Veli Lošinj** ➡ K4 mit seinen zwei Hafenbuchten. Es gibt einen schattigen Uferweg und wer Glück hat, entdeckt Delfine. In Veli Lošinj ist das **Delfin-Projekt** angesiedelt, zudem gibt es im alten **Uskokenturm** – Kula genannt – ein Mini-Museum mit einer Amphorensammlung.

Aufsehen erregte 1999 die von Tauchern geborgene, lebensgroße Bronzestatue des antiken Athleten Apoxyòmenos. Nachdem vor Ort einige Zeit nur eine Kopie zu sehen war, punktet die Stadt nun wieder mit dem restaurierten Original im **Palast Kvarner**.

Faszinierend ist eine Tour vom Ort Nerezine zum höchsten Bergzug der Insel, **Osoršćica** ➡ J3. Nach einer anderthalbstündigen Wanderung kann man von ganz oben eine herrliche Aussicht genießen.

Auf der **Halbinsel Čikat** ➡ K4 verstecken sich im Kiefernwald prachtvolle Villen und es gibt zahlreiche Bademöglichkeiten. Die Insel ist umrahmt von vielen kleinen Eilanden, die zu Ausflügen einladen.

Tourist Information ➡ K4
Priko 42, 51550 Mali Lošinj
✆ (051) 231-884
www.visitlosinj.hr/de

Fritzy Palast/Palača Fritzy ➡ K4
V. Gortana 35, Mali Lošinj
✆ (051) 233-892
www.muzej.losinj.hr
U.a. Ausstellung mit zeitgenössischen kroatischen Künstlern und Werke italienischer Maler aus dem 17./18. Jh. (Piperata-Sammlung).

Muzej Apoksiomena ➡ K4
Riva lošinjskih kapetana 13
Mali Lošinj
✆ (051) 734-260
www.muzejapoksiomena.hr
Hier ist die Original-Skulptur des antiken Athleten Apoxyòmenos zu sehen. Die Bronzestatue wurde 1997 von einem belgischen Touristen im 45 m tiefen Wasser der Adria entdeckt, wo sie zwei Jahrtausende überdauert hatte.

Delfin-Projekt ➡ K4
Kaštel 24, Veli Lošinj
✆ (051) 604-666
www.blue-world.org

Abendblick in Mali Lošinj

Im Meer rund um die Inseln Cres und Lošinj leben ca. 120 Große Tümmler. Seit 1987 ist aus dem Projekt zum Schutz der Delfine ein Erfolg und ein touristischer Anlaufpunkt geworden. Im Marine Science Centre gibt es interessante Ausstellungen, Filme und Vorträge rund um Delfine und andere Meeressäuger. Im Sea Turtle Rescue Centre werden verletzte Meeresschildkröten gesund gepflegt. Wer möchte, kann eine Delfin-Patenschaft beantragen. Am 1. Juli wird der Tag des Delfins gefeiert.

Restaurant Baracuda ➡ K4
Priko 31, Mali Lošinj
✆ (051) 233-309
Frische Fische, Schalen- und Krustentiere sind die Spezialitäten, dazu ausgewählte Weine. €€–€€€

Bistro Sirius ➡ K4
Rovenska 26, Veli Lošinj
Rovenska-Bucht
✆ (051) 236-399
Romantisch diniert man bei Kerzenschein z. B. Hummer, Scampis und Edelfische wie Drachenkopf oder Zahnbrasse. €€–€€€

Novi Vinodolski ➡ G5

Novi, wie die Stadt auch kurz und bündig genannt wird, liegt an der gleichnamigen Riviera, gegenüber der Insel Krk. Die Stadt wurde auf einem Hügel um das Frankopanen-Kastell aus dem Jahr 1225 erbaut. 1288 schrieb man in dem Kastell das Vinodoler Gesetzbuch, das zu den bedeutendsten kroatischen Rechtsurkunden zählt und in der Glagoliza (vgl. S. 28) verfasst wurde. Damit sollten die bis dahin freien Gemeinden des Vinodol unter die Herrschaft der Frankopan kommen.

Ebenso wie Crikvenica war Novi Vinodolski zu Zeiten der K.-u.-k.-Monarchie ein beliebter Kurort. Heute ist es ein Urlaubsort mit breitem touristischen Angebot.

Im Kvarner-Gebiet wird ausgelassen Karneval gefeiert

Opatija ➡ F3

Das älteste Seebad Kroatiens mit rund 11 000 Einwohnern liegt an der gleichnamigen, 30 Kilometer langen Riviera, im Hinterland erstreckt sich das vor kalten Winden schützende Učka-Gebirge, das bis 1400 Meter aufsteigt. Hinter subtropischem Grün verstecken sich die prachtvollen Villen einer glanzvollen Zeit.

Der Fabrikant Scarpa aus Rijeka baute 1844 für sich und seine Freunde das herrlich gelegene Feriendomizil, die **Villa Angiolina.** Klangvolle Namen, schillernde Persönlichkeiten und viele Wohlhabende kamen, um sich hier bei gesundem Meeresklima den Winter zu verkürzen, aber auch um Feste zu feiern.

Wunderschön ist der **Lungomare**, eine vor hundert Jahren errichtete, etwa zwölf Kilometer lange Promenade bis nach Lovran. Mit Bänkchen und vielen lauschigen Felsbadebuchten – durch Lorbeerbäume und Pinien angenehm schattig.

Heute ist Opatija wieder ein Geheimtipp für unternehmungslustige Gäste, denn hier gibt es Musik zum Tanzen und Feiern für jeden Geschmack. Und so ist im Sommer ganz schön was los im

Städtchen, die Cafés und Restaurants sind brechend voll und Parkplätze rar.

Tourist Information ➡ F3
Maršala Tita 146, 51410 Opatija
✆ (051) 271-310
www.visitopatija.com/de

Bevanda ➡ F3
Zert 8, Opatija
✆ (051) 493-888
www.bevanda.hr
Hier speist man entspannt auf der Terrasse mit Blick auf das Meer und seine Inseln. Es gibt hausgemachte Tagliatelle mit Hummer und Trüffeln und andere kroatische und mediterrane Gerichte, dazu ein edler Tropfen von der ausgezeichneten Weinkarte. Die regionalen Zutaten stammen aus dem Kvarner. Klassisch-modernes Hotelrestaurant. €€–€€€

Plavi Podrum ➡ F3
Ul. Frana Supila 12, am Hafen Opatija
✆ (051) 701-223
www.plavipodrum.com
Traditionsreiches Fischlokal mit Terrasse. €€–€€€

Karneval
Opatijas Karneval mit Masken aus Schaffell und Hammelhörnern ist berühmt für seine prächtigen Straßenumzüge und das große Kinderprogramm.

Ausflugsziele:

Veprinac ➡ F3
Eine schöne Wanderung bietet sich in eineinhalb Stunden zur einstigen Fluchtburg oberhalb von Opatija an. Der steile Aufstieg wird mit einem fantastischen Ausblick belohnt.

Učka-Gebirge ➡ F3
Das Gebirge mit seinem 1401 m hohen Gipfel Vojak lohnt für Wanderungen oder Mountainbiketouren – der Ausblick über die Kvarner-Region wie über Istrien ist fantastisch.

Lovran ➡ F3
Das Städtchen ist 10 km von Opatija entfernt und ebenfalls ein stilvoller Kurort mit zahlreichen hübschen Villen und Prachtbauten, aber nicht so quirlig wie Opatija. Bekannt ist Lovran für seine Maronen, die an den Hängen des Städtchens wachsen und im Herbst überall angeboten werden. Dann wird auch an einem Wochenende Mitte Oktober das Maronenfest **Marunada** gefeiert.

Mošćenička Draga ➡ F/G3
Beliebter Badeort mit sehr schönem Feinkiesstrand. Oberhalb des Ortes liegt das mittelalterliche

Mošćenice mit einem kleinen ethnografischen Museum. Herrlicher Blick über die große Bucht.

5 Plitvicer Seen, Nationalpark/Nacionalni Park Plitvička jezera ➡ H/J7/8

Dieser beeindruckende Nationalpark liegt auf einer Fläche von fast 30 000 Hektar in unberührter Natur, umgeben von urwaldartigen Wäldern, in denen u.a. Bären, Wildschweine und Wölfe leben. Attraktion sind die 16 miteinander durch Überläufe, Wasserfälle und Höhlensysteme verbundenen Seen auf einer Länge von ca. sieben Kilometern und mit ca. 135 Metern Höhendifferenz.

Das Karstgebiet lässt immer neue Barrieren und Wasserläufe entstehen. Das unter UNESCO-Schutz stehende Gebiet wurde vor allem durch die Karl-May-Verfilmungen bekannt.

Um die Seen führen markierte Wanderwege und über den Kozjak-See fährt ein Elektroboot. Ein Panoramazug bringt Wanderer wieder an ihren Ausgangspunkt zurück. Man sollte sich mindestens einen ganzen Tag Zeit nehmen. Übernachten kann man in den umliegenden Hotels und auf dem Campingplatz. Baden ist leider untersagt.

Nationalparkverwaltung
➡ H7/8
53231 Plitvička jezera
3 Eingänge: Eingang I – Rastovača, Eingang II – Hladovina, Nebeneingang II – Flora
✆ (053) 751-015
np-plitvicka-jezera.hr/de

Seenlandschaft im Nationalpark Plitvice

6 Rab (Insel) ➡ H/J4/5

Die Insel Rab ist eine der bekanntesten Ferieninseln und beherbergt schon seit über 120 Jahren Touristen aus aller Welt. Auf nur 94 Quadratkilometern leben rund 9000 Menschen, vor allem um den Hauptort Rab ist die Insel dicht besiedelt. Sie zählt zu den sonnigsten Orten Europas, hat mildes Klima, teils üppige Vegetation und schöne Badestrände.

Unter den Griechen hieß die Insel Mertorides, unter den Römern Arbe. Kaiser Augustus baute hier einen wichtigen Kriegshafen und Munizipium, danach die Stadt Rab mit Tempel, Foren und Theater. Bischofsstadt wurde sie bereits im Jahr 530. Die Goten und Slawen machten die Stadt allerdings dem Erdboden gleich. Im 15. Jahrhundert waren es die Bewohner selbst, die ihre wieder aufgebaute Stadt verwüsteten: Pest hatte die Stadt befallen, die Häuser der Kranken wurden zugemauert und mitsamt den Angehörigen niedergebrannt, um die Krankheit zu bekämpfen. Die Venezianer brachten der Insel und der Stadt im Levantehandel als wichtigem Flottenstützpunkt wieder Aufschwung. Eine Blütezeit erlebte sie im kroatischen Königreich, vor allem durch die Franziskaner und Benediktiner, die hier Klöster und Kirchen bauten.

Das befestigte Museumsstädtchen **Rab** ➡ J5 auf einer Landzunge mit seinen vier Glockentürmen als Wahrzeichen besitzt viele Kirchen und Klöster sowie reliefverzierte Tore. Von der Landseite kommend stößt man auf den Trg Munizipium Arba mit Cafés und dem **Fürstenpalast** mit romanischen, gotischen und Renaissancefenstern. Das im 15. Jahrhundert errichtete Frauenkloster **Sv. Antun** steht neben dem bedeutendsten Bauwerk der Stadt wie auch der gesamten Insel: der romanischen dreischiffigen **Domkirche Sv. Marije** (11. Jh.), 1177 vom Papst persönlich geweiht. Ihr Inneres zieren ein mit Ornamenten des Frühchristentums gearbeitetes Relief und hölzerne Chorbänke aus dem Jahr 1445. In der Schatzkammer wird das Reliquiar vom hl. Christophorus, dem Schutzpatron der Stadt, aufbewahrt. Etwas entfernt steht der 25 Meter hohe Kirchturm mit pro Stockwerk steigender Anzahl zierender Fensterbögen. Die Aussicht auf Rab von ganz oben ist wunderbar.

In **Lopar** ➡ H5, dem zweiten Ferienort der Insel, wurde der Einsiedler Marinus geboren, der spä-

Relaxen am Strand der Ferieninsel Rab

Die Altstadt von Rab

ter den Staat San Marino gründete. Hauptanziehungspunkt ist der sandige, flach abfallende Paradiesstrand, vor allem für Familien mit Kleinkindern. Auch rund um Lopar gibt es ruhigere Buchten für Erholungsuchende.

Tourist Information ➡ J5
Trg Municipium Arba 8, 51280 Rab
✆ (051) 724-064
www.rab-visit.com/de

Franziskanerkloster Sv. Eufemija/Franjevački samostan sv. Eufemije ➡ J5
Rab
✆ (051) 724-951

Das Kloster liegt am Ende der gleichnamigen Bucht und ist über den hübschen Uferweg von Rab in Richtung Kampor zu erreichen. Es wurde 1444 gegründet und besitzt einen schönen Kreuzgang und einen Klostergarten. Sein Inneres zieren wertvolle Gemälde, u.a. von Vivarini aus dem Jahr 1485.

Restaurant Santa Maria ➡ J5
Ul. Dinka Dokule 6, östl. Ende der Hauptgasse, Rab
✆ (051) 725-695
Stilvolles Lokal mit Gemälden von Segelschiffen und Modellen. Spezialität sind Fischgerichte. €€

Café & Vinothek Gran Paradiso ➡ J5
S. Radića 5, Rab
✆ (051) 777-157
Lauschig genießt man seinen Espresso oder Wein in der Stadtloggia, die jederzeit ein netter Treff ist. Außerdem gibt es Konzerte und Ausstellungen.

Raber Festtage ➡ J5
Vom 25.–27. Juli werden die Stadtheiligen Sv. Jakov, Sv. Ana, und Sv. Kristofor mit mittelalterlichem Essen, Musik und Tanz gefeiert.

Raber Musikabende ➡ J5
Mitte Juni–Ende Sept. einmal wöchentlich
Klassische Konzerte in der Domkirche Sv. Marija und der Kirche Sv. Križ.

Ritterspiele und Armbrustschützen-Wettbewerbe ➡ J5
Rab, 9. Mai, 25. Juni, 27. Juli, 15. Aug.
Historische Kostüme, Umzüge, Fackeln, Armbrustschießen und historisches Essen.

Ausflugsziele:

Von Rab werden Ausflüge zu den Nationalparks **Plitvicer Seen** (vgl. S. 45) und **Nord-Velebit** (vgl. S. 55) angeboten. Bootsverbindungen bestehen auf die Inseln **Pag** (vgl. S. 55) und **Krk** (vgl. S. 39 ff.).

Rijeka ➡ F4

Rijeka ist mit 108 000 Einwohnern die größte und wichtigste Hafenstadt Kroatiens und auch wichtiges Transitzentrum. Die Altstadt birgt viele Prachtbauten und Paläste, die den italienischen Novecento-Stil erkennen lassen, eine Reihe sehenswerter Museen und oberhalb der Stadt die Festung Trsat. Illyrer, Römer, Frankopanen und Habsburger wachten über die Stadt und für die österreichisch-ungarische Doppelmonarchie war sie ebenfalls wichtiger Seehafen. Nach dem Ersten Weltkrieg besetzte der italienische Schriftsteller und Nationalist Gabriele D'Annunzio Rijeka; als Fiume gehörte es bis zum Ende des Zweiten Weltkriegs zu Italien.

Eindrucksvollste Bauten der Stadt sind der **Dom Sv. Marija** aus dem 12. Jahrhundert, das **Stadttor** mit Uhrturm aus dem 15. Jahrhundert, das **Volkstheater**, in dem bereits 1885 Aufführungen stattfanden, und das **Palais Modello** mit seiner Fassade der Hochrenaissance und des späten Barocks. Beeindruckend ist auch die **Kapuzinerkirche Gospe Lurdske** (1904) mit farbenprächtiger Fassade aus weiß-rotbraunem Mosaik. Die Haupteinkaufstraße mit vielen Läden und Cafés wird **Korzo** genannt.

Am Ufer der Riječina beginnt der Wallfahrtsweg mit 559 Stufen

Blick auf die Festung Trsat und Rijeka

Rijeka, die größte und wichtigste Hafenstadt Kroatiens von der Wasserseite

hinauf zum Berg **Trsat** mit Votivkirche und Festung. Auf dem strategisch wichtigen Platz bauten bereits die Illyrer eine Fluchtburg und die Römer ihr Kastell Tarsatica. Später wurde die Burg Sitz der Grafen Frankopan. Das Pilgerfest findet am 15. August statt. 2003 wurde zu Ehren Papst Johannes Pauls II., der sich hier einige Tage aufgehalten hat, vor der Kirche eine Büste aufgestellt.

Tourist Information ➡ F4
Korzo 14, 51000 Rijeka
✆ (051) 335-882, visitrijeka.hr

Museum für zeitgenössische Kunst/Muzej moderne i suvremene umjetnosti ➡ F4
Krešimirova 26, Rijeka
✆ (051) 492-611
mmsu.hr
Jährlich wechselnde Kunstausstellungen.

Naturwissenschaftliches Museum/Prirodoslovni Muzej ➡ F4
Lorenzov prolaz 1, Rijeka
✆ (051) 553-669
www.prirodoslovni.com
Meeres- und Landesfauna, geologische Funde, Sammlung von Schnecken und Muscheln aus verschiedenen Weltmeeren. Zudem gibt es einen kleinen botanischen Garten.

Seefahrts- und Historisches Museum/Pomorski i povijesni muzej ➡ F4
Muzejski trg 1, Rijeka
✆ (051) 213-578
ppmhp.hr
Entwicklung der Schifffahrt, Modelle, Waffen und antike Möbel.

Stadtmuseum/ Muzej grada Rijeke ➡ F4
Muzejski trg 1/1, Rijeka
✆ (051) 336-711
www.muzej-rijeka.hr
Zeugnisse des Volksbefreiungskampfes und der Revolution sowie eine Sammlung zur Geschichte Rijekas.

Universitätsbibliothek/ Sveučilišna knjižnica ➡ F4
Dolac 1, Rijeka
✆ (052) 336-129
www.svkri.uniri.hr
Besichtigung nur nach Voranmeldung
Ausstellung über glagolitische Inschriften, handgeschriebene Messbücher und die ersten gedruckten Bücher.

Konoba Tarsa ➡ F4
Josipa Kulfaneka 10 Trsat, Rijeka
✆ (051) 452-089
tarsa-konoba.com
Mittelalterlich gestyltes Lokal mit kroatisch-mediterraner Küche und exzellentem Service. €€

Café Gradina ➡ F4
In der Festung Trsat
Rijeka
Auf der Festung lockt dieses lauschige Café, das einen herrlichen Weitblick bietet.

Veranstaltungen
Im Juli und August finden zahlreiche **Theateraufführungen** und **Konzerte** statt, während des **Karnevals** farbenprächtige, lautstarke Umzüge.

Ausflugsziel:

Nationalpark Risnjak/ Nacionalni Park Risnjak ➡ E/F4
Bjela Vodica 48
Črni Lug
✆ (051) 836-133
www.np-risnjak.hr
Nur rund 25 km östlich von Rijeka erstreckt sich der Nationalpark, der seinen Namen von den in den satten Mischwäldern lebenden Luchsen erhielt. Herrliche Wanderwege führen u.a. auf den höchsten Gipfel Veli Risnjak (1528 m), wo man mit einem prima Weitblick auf die Kvarner-Region belohnt wird.

Senj ➡ H5
Die Stadt der Uskoken, Wiege des Glagolitentums und des Kinderromans »Die Rote Zora und ihre Bande« hat rund 7000 Einwohner. Das geschichtsträchtige Städtchen umgab einst ein kilometerlanges Befestigungssystem mit 13 Türmen, von denen nur wenige erhalten sind.

Größter und schönster Platz ist der Trg Cilnica mit dem **Frankopan-Kastell** von 1340. Das älteste

Uskokenfestung Nehaj – Wahrzeichen von Senj

Bauwerk der Stadt ist der dreischiffige **Dom Sv. Marije** aus dem 11. Jahrhundert. Er wurde im 18. und 20. Jahrhundert renoviert und birgt ein bischöfliches Wandgrab und das Wappen der Familie Petrović von 1491, das älteste kroatische Staatswappen. Von dieser Kirche aus wurde die glagolitische Schrift in andere slawische Länder getragen. Wahrzeichen der Stadt ist die oberhalb am Berg liegende **Uskokenburg Nehaj**, die im Jahr 1558 errichtet wurde.

Tourist Information ➡ H5
Stara cesta 2 (Kreuzung nach Plitvice), 53270 Senj
✆ (053) 881-068
visitsenj.com/de

Stadtmuseum/ Gradski muzej ➡ H5
Milana Ogrizovićeva 5, westl. vom Domplatz, Senj
✆ (053) 881-141
www.muzej-senj.hr
Im Renaissancepalast Vukasović aus dem 15. Jh. ist eine archäologische und ethnografische Sammlung zu besichtigen. Man erfährt Näheres über die Entwicklung der Glagoliza (vgl. S. 28) und der glagolitischen Buchdruckkunst. Im Untergeschoss befindet sich ein Restaurant.

Uskokenburg Nehaj/ Tvrđava Nehaj ➡ H5
Senj
✆ (053) 885-277
Die Festung aus dem 16. Jh. war Hauptsitz der Uskoken, einer Gruppe von kampfeslustigen Katholiken, die vor den einfallenden Osmanen hierher flüchteten.

Ausflugsziele:

Senj ist Ausgangspunkt für Besuche der Nationalparks **Plitvicer Seen** (vgl. S. 45) und **Nord-Velebit** (vgl. S. 55).

Norddalmatien

Dieses Gebiet umfasst das Küstenland ab der Stadt Senj bis hinab nach Rogoznica, kurz vor Trogir. Der Norden dieses Landstrichs hat nur einen schmalen Küstensaum, im Hintergrund ragt das karstig weiße Velebit-Gebirge auf mit den Nationalparks Nord-Velebit und Paklenica, dessen Schluchten als Filmkulisse dienten und bei Wanderern und Kletterern beliebt sind. Auf der flachen Halbinsel Ravni kotari lohnt die alte Stadt Nin mit der »kleinsten Kathedrale der Christenheit« einen Stopp.

Nordwestlich erstreckt sich die Insel Pag. Kultur- und Wirtschaftsmetropole Norddalmatiens ist Zadar, das auch Ausgangspunkt für Ausflüge zu den vorgelagerten Inseln ist. An der Küste folgt südlich von Zadar die »weiße Stadt am Meer«, Biograd, davor liegt der Kornaten-Archipel. Bootsbesitzer schätzen die 17,5 km^2 große Insel Murter in Sichtweite der Kornaten.

Weitere Sehenswürdigkeiten sind die große Stadt Šibenik und der im Hinterland gelegene Nationalpark Krka. Das geografische Schlusslicht bilden das malerische Kleinod Primošten und das Städtchen Rogoznica. Von der Küstenstraße aus bieten sich traumhafte Ausblicke auf die unzähligen kleinen und großen Inseln.

Biograd na moru ➡ N7

Die »weiße Stadt am Meer« ist ein beliebtes Feriendomizil mit einigen Yachthäfen und dem Fährhafen für die Inseln Pašman und Ugljan sowie das Sprungbrett zum Nationalpark Kornaten. Die im 10. Jahrhundert gegründete Stadt mit ihren heute 5500 Einwohnern war Sitz des kroatischen Königs. Älteste Baudenkmäler sind die Pfarrkirche **Sv. Stošija** aus dem 17. Jahrhundert sowie die freigelegten Grundmauern des

Mit dem Segelboot durch das Archipel des Kornaten-Nationalparks

Benediktinerklosters **Sv. Ivana** von 1059.

Wenige Kilometer entfernt liegt der 3000 Hektar große Naturpark **Vransko Jezero** ➡ N7, ein fischreicher See, der durch unterirdische Kanäle mit dem Meer verbunden ist. Auf einem knapp einen Kilometer langen Lehrpfad kann man die Vogelwelt beobachten, der nordwestliche Seeteil ist ornithologisches Reservat.

Tourist Information ➡ N7
Put Solina 4
23210 Biograd na moru
✆ (023) 385-382
www.discover-biograd.com/de

Kulturerbemuseum/ Zavičajni muzej ➡ N7
Obala kralja Petra Krešimira IV 20 (Promenade)
Biograd na moru
✆ (023) 383-721
www.muzej-biograd.com
Funde aus römischer und altkroatischer Zeit, Kanonen und Schiffsmodelle.

Ausflugsziele:

Insel Murter ➡ N7/8
Rund 20 km südlich von Biograd liegt die durch eine Drehbrücke mit dem Festland verbundene Insel Murter mit netten Fischerorten und zahlreichen großen Yachthäfen und Bootswerften, schönen Badebuchten und der **Kornaten-Nationalparkverwaltung**. Sie ist der nächste Ausgangspunkt zu dem Archipel.

Inseln Pašman und Ugljan ➡ M/N6/7
www.ugljan.hr
Nur 20 Minuten benötigt die Autofähre zur südlich in Sichtweite gelegenen Insel Pašman, die mit der Insel Ugljan durch eine Drehbrücke verbunden ist. Ruhige Urlaubstage kann man in den kleinen Fischerorten beider Inseln verbringen.

Nationalpark Kornaten ➡ N/O6/7
Vgl. unten.

Kornaten, Nationalpark/ Nacionalni Park Kornati

➡ N/O6/7

Dieser 147 Inseln und Riffe umfassende Archipel zählt zu den beeindruckendsten Regionen Kroatiens. Mit 307 Quadratkilometern ist er die größte Inselansammlung in der Adria. Die schroffen und kahlen Eilande erhielten fantastische Namen von den Fischern. Sie sind seit der Jungsteinzeit bewohnt und dienten fremden Herrschern immer wieder als Brückenkopf für Eroberungen des Festlands. Verstreut liegen einige Häuschen aus Trockenmauern und Landvillen aus römischer Zeit.

Als Zadar von den Venezianern 1345 belagert wurde, überließ man die Inseln für eine Weile sich selbst. 1835 kauften die Bauern von Murter die Inseln, betrieben Fischfang und rodeten das Land, um Olivenhaine und Weingärten anzulegen. Die starken Winde verhinderten allerdings den erhofften üppigen Bewuchs. Im Zweiten Weltkrieg dienten die Inseln als Partisanenversteck.

Heute kann man sich Häuschen mieten, in einsamen Badebuchten schwimmen und mit dem (eigenen) Boot die Schönheit der faszinierenden Inselwelt entdecken.

Nationalparkverwaltung Kornati ➡ N7
22243 Murter, Butina 2
✆ (022) 435-740
www.np-kornati.hr
Von jeder Stadt bieten Agenturen organisierte Ausflüge an.

Krka, Nationalpark/ Nacionalni Park Krka ➡ N8/9

Der Nationalpark liegt 15 Kilometer nordöstlich von Šibenik beim malerischen, an einem tiefen Fjord mit Yachthafen gelegenen Städtchen Skradin. Auf einer Länge von 56 Kilometern stürzt der Karstfluss von seiner Hauptquelle nahe der Stadt Knin bis nach Skradin über zehn Gefälle von unterschiedlicher Höhe hinab, bildet unterwegs den **See Visovac**, in dessen Mitte das gleichnamige **Franziskanerkloster** auf einem Inselchen thront, überwindet die imposanten Fälle **Roški slap** und **Skradinski buk** und erweitert sich bei Skradin zum **Prukljan-See**, um bei Šibenik ins Meer zu strömen. Allein bei den Barrieren von Roški slap und Skradinski buk fließt die Krka in insgesamt 17 Stufen abwechselnd über Fälle und kleine, seenähnliche Bassins.

Die Wege in diesem Gebiet sind markiert. Das entferntere Franziskanerkloster kann per Boot ebenfalls besucht werden. Baden ist am Skradinski buk möglich und ein Genuss.

Nationalpark und Besucherzentren Krka ➡ N8
Trg Ivana Pavla II br. 5
22000 Šibenik
✆ (022) 201-777
www.npkrka.hr

Roški slap, einer der acht großen Wasserfälle im Nationalpark Krka

Ein Besucherzentrum mit Ausstellung befindet sich in Skradin. Der Park hat insgesamt drei Eingänge, Haupteingang ist Nr. 2 bei Lozovac mit Parkplätzen. Eingang 1 liegt nahe Skradinski buk und ist nur zu Fuß oder per Boot erreichbar, Eingang 3 beim Roški slap, im ruhigen nördlichen Teil. Es gibt Ausflugsboote von Skradin, Skradinski buk, Roski slap.

Nin ➡ L6

Das Städtchen auf einer kleinen Insel, durch eine Auto- und eine Fußgängerbrücke mit dem Festland verbunden, zieht mit seinen zwei Kirchen, illyrischen Gräbern und dem einst mutigen Bischof Grgur Ninski, der sich für die slawische Volkssprache und die Glagoliza (vgl. S. 28) einsetzte, Kulturbegeisterte an. Ihm zu Ehren schuf Bildhauer Ivan Meštrović eine Bronzestatue.

Weitere Sehenswürdigkeiten sind **Sv. Križ**, die »kleinste Kathedrale der Christenheit«, die im 9. Jahrhundert erbaut wurde und noch vollständig erhalten ist. Außerhalb der Stadt (Straße nach Zadar) steht auf einem Hügel die kleine, gut erhaltene Wehrkirche **Sv. Nikola** vom Ende des 11. Jahrhunderts.

Tourist Information ➡ L6
Trg braće Radića 3 (an der Altstadtbrücke)
23232 Nin
✆ (023) 264-280
www.nin.hr/de

Archäologisches Museum/ Muzej ninskih starina ➡ L6
Trg Kraljevac 8, Nin
✆ (023) 264-726
Kleines Museum mit einer Kopie des um 800 entstandenen Taufbeckens von Fürst Višeslav.

Salzmuseum/Muzej soli ➡ L6
Ilirska cesta 7, Nin
✆ (023) 264-021
www.solananin.hr/de
Eintritt frei
Tägl. kostenpflichtige Führungen

Wehrkirche Sveta Nikola bei Nin

Die malerischen Salzgärten liegen im Osten der Altstadt. Sie wurden bereits unter den Römern genutzt und können heute noch besichtigt werden.

Ausflugsziel:

Pag (Insel) ➡ J–L5/6
www.tzgpag.hr
Nördlich von Nin gelangt man über eine Brücke zur 285 km² großen und vor allem langen Insel Pag mit ihren karstig-kahlen Bergen, von Steinmäuerchen durchzogen, mit Salzgärten und Badebuchten. Von hier kommen der berühmte **Pager Käse**, *(Paški sir)* und die geklöppelte **Pager Spitze**, die Reticella-Spitze. Der Hauptort Pag und das quirlige Novalja lohnen einen Besuch.

Es gibt zahlreiche Pensionen, Apartments, Campingplätze und einige kleine Hotels. Zur Insel Rab existieren regelmäßige Bootsverbindungen.

Nord-Velebit, Nationalpark/ Nacionalni park Sjeverni Velebit ➡ H–M5–9

Der Park umfasst den schönsten Teil des nördlichen Velebit-Massivs. Beim Küstenort Sveti Juraj ➡ H5, rund zehn Kilometer südlich von Senj, zweigt ein Sträßchen bergan in Richtung Krasno ➡ H5 ab. Das **Besucherzentrum** dort bietet neben Informationen einen sehenswerten **Botanischen Garten** (Naravni rezervat Velebitski Botanički Vrt) auf einer Höhe von rund 1450 Metern. Außergewöhnliche Karstformationen und eine der tiefsten Höhlen der Welt, die **Höhle Lukina**, zeichnen den Park aus.

Die Bergwelt mit dem Gipfel Zavižan (1677 m) ist ein herrliches, aber einsames Wandergebiet. Auch Mountainbiker können hier auf den Makadamwegen die eindrucksvolle Natur genießen.

Nationalparkverwaltung und Besucherzentrum ➡ H5
Krasno 96, 53274 Krasno
✆ (053) 665-380
www.np-sjeverni-velebit.hr

Paklenica, Nationalpark/Nacionalni Park Paklenica ➡ L7

Der Nationalpark liegt beim Küstenort **Starigrad Paklenica** und umfasst zwei wilde Karstschluchten des Velebit-Gebirges: die größere und gut erschlossene Schlucht **Velika Paklenica** und die einsamere, aber nicht minder imposante **Mala Paklenica** (beide ab Starigrad Paklenica erreichbar). In dieser Wildwestkulisse der Schluchten wurden etliche Winnetou-Filme gedreht.

Heute versuchen sich an den schroffen Felswänden Freeclimber, die hier alle Schwierigkeitsgrade vorfinden. Aber auch Wanderer kommen in dem Gebiet mit markierten Wegen auf ihre Kosten.

Nationalparkverwaltung Paklenica ➡ L7
Dr. F. Tuđmana 14 a
Starigrad Paklenica
✆ (023) 369-155, -202
www.np-paklenica.hr/de
Velika Paklenica ganzjährig geöffnet, Mala Paklenica nur Mai–Okt. Ausflüge werden aus Städten der Umgebung angeboten.

Primošten ➡ O8/9

Das malerische, auf einem Inselhügel errichtete Städtchen ist heute durch einen Damm mit dem Festland verbunden. Eng aneinandergebaute Häuser aus dem Mittelalter, kleine Gassen und Plätze laden zum Bummeln ein. Am höchsten Punkt steht die Pfarrkirche **Sv. Juraj**, die im 15. Jahrhundert entstand und 1760 umgebaut wurde. Sie birgt den Sarkophag des einst beliebten Bischofs Arnerić aus Šibenik.

Ein malerisches Städtchen: Primošten

Die Kirche **Sv. Marija** wurde erstmals 1553 erwähnt. Der Weitblick von hier ist fantastisch. Auf der Altstadthalbinsel und entlang der Promenade gibt es sehr viele Restaurants. Primošten ist Heimat des Weines Babić, der auf den Hügeln rundum wächst.

Gegenüber der Altstadt auf einer bewaldeten, fast runden Landzunge liegen die Hotels und der Campingplatz.

Tourist Information ➡ O8/9
Trg J. Ameića 2, 22202 Primošten
✆ (022) 571-111
www.tz-primosten.hr

Šibenik ➡ N8

Die Industriestadt mit ca. 43 000 Einwohnern und einer sehenswerten Altstadt liegt an der Mündung der Krka. Ein Bummel durch die verwinkelten Gassen mit ihren vielen Kirchen und Palästen und hoch zur Festung Sv. Mihovil ist beeindruckend. Die Stadt wurde erstmals 1066 als *Castum Sebenici* erwähnt. Ihre Blütezeit hatte sie unter den Venezianern, die sie befestigten und zur damals größten Stadt Dalmatiens machten; selbst die Türken hatten keine Chance, sie zu erobern.

An der imposanten **Kathedrale Sv. Jakov** – verziert mit Löwenportal, Putten und Apsiden, mit 74 gemeißelten Porträts und mit einer für die damalige Zeit einmaligen Dachkonstruktion – arbeiteten bedeutende Baumeister von 1431 bis 1555. Die Dachkonstruktion, die seit 2000 zum UNESCO-Weltkulturerbe gehört, besteht aus ineinander verschachtelten Steinplatten, die das Hauptschiff der Kirche, die beiden Seitenschiffe, die Apsiden und den Kuppelbau ohne Stützen überwölben.

Gegenüber der Kathedrale befinden sich das **Rathaus** und die **Loggia** im Stil der Renaissance. Vom **Bischofspalast,** der die Südseite flankiert, blieben nur Arkaden erhalten. Etwas weiter stößt man auf die Kirchen **Sv. Barbare, Sv. Ivan** und **Sv. Duh** – alle drei sind einen Besuch wert.

Kurz vor der Hafenpromenade steht das **Kloster Sv. Frane** mit einschiffiger Kirche aus dem 14. Jahrhundert, die eine Kassettendecke mit Bildern von Marko Capogrosso aus dem Jahr 1674 birgt. Das Kloster selbst verfügt über eine große Schatzkammer und eine Bibliothek.

Über der Stadt thronen die **Festungen Sv. Mihovil, Sv. Ivan** und

Eindrucksvoll – die Kathedrale Sv. Jakov in Šibenik

Šubićevac und an der Kanaleinfahrt die **Nikolausfestung**. Die schöne Palmenpromenade entlang dem Meer lädt zu einer Kaffeepause ein.

Tourist Information ➡ N8
Obala palih omladinaca 3
22000 Šibenik
✆ (022) 214-411
www.sibenik-tourism.hr
www.sibenikregion.com

Stadtmuseum/
Muzej Grada Šibenik ➡ N8
Gradska vrata 3, Šibenik
✆ (022) 213-880
www.muzej-sibenik.hr
Im Rektorenpalast neben der Kathedrale werden verschiedene Funde sowie eine Darstellung der Stadtgeschichte gezeigt.

Kirche und Kloster des hl. Laurentius/Crkva i samostan Sv. Lovre ➡ N8
Ul. Andrija Kačića, Šibenik
Erbaut wurde die Anlage im 15. Jh. Sehenswert ist der hübsche Klostergarten, wo sich auch ein Café befindet.

Ausflugsziele:

Inseln Žirje, Kaprije, Zlarin ➡ O8
Die vorgelagerten Inseln werden ein- bis dreimal täglich von Šibenik und auch von Vodice aus von einer Personenfähre angefahren. Auf den Inseln kann man wunderbar baden und wandern.

Nationalpark Krka ➡ N8/9
Vgl. S. 53 f.

7 Zadar ➡ M6

Die Touristenmetropole und einstige Hauptstadt Dalmatiens zählt rund 70 000 Einwohner und ist Sprungbrett zu zahlreichen Inseln. Die hübsche Altstadt liegt auf einer Landzunge, gesäumt von ei-

Marienkirche (Sv. Marija) in Zadar, im Vordergrund die Ruinen des römischen Forums

ner Stadtmauer. Erwähnt wurde die Siedlung unter den Griechen im 4. Jahrhundert v. Chr., die Römer nannten sie *Jadera* und *Diadora* und bauten Tempel und Forum. 614 wurde sie Hauptstadt des byzantinischen Dalmatiens, weil Salona zerstört war. 1409 verkaufte man sie an Venedig; unter den Österreichern und Franzosen wurde Zadar erneut Hauptstadt Dalmatiens. Durch den Vertrag von Rapallo, der das Stadtgebiet Italien zusprach, verlor Zadar seine wirtschaftliche Bedeutung; erst der Tourismus brachte eine neue Blütezeit.

Zadar ist heute die Einkaufsmetropole Norddalmatiens: Ob man in schicken Boutiquen bummeln, sich lediglich am großen Obst- und Gemüsemarkt eindecken oder frühmorgens am Fischmarkt frische Fische ergattern will – ein Besuch lohnt sich allemal.

Touristischster und meistfotografierter Platz ist das große Ruinenfeld des **römischen Forums.** Dahinter steht die im 9. Jahrhundert als schlichter Rundbau mit drei Apsiden errichtete **Domkirche Sv. Donat** mit fantastischer Akustik. Danach folgen **Sv. Stošija** und ihr abseits erbauter hoher Kirchturm mit Fensterbögen. Südlich finden sich die Kirche **Sv. Marija** (16. Jh.) und ihr Glockenturm (12. Jh.). In Richtung Westen steht die aus dem 18. Jahrhundert stammende, serbisch-orthodoxe Kirche **Sv. Ilija**. Kurz dahinter befindet sich das älteste **Franziskanerkloster** der Adriaküste, im 13. Jahrhundert errichtet und durch Umbauten umgestaltet. Das Kircheninnere ist riesig und birgt mehrere Altäre mit wertvollen Gemälden.

Der Hauptplatz der Stadt ist der **Narodni trg** mit Stadtloggia, dem Rathaus und schönen Cafés. Westlich davon thront mächtig die mit Blendarkaden verzierte einstige Benediktinerkirche **Sv. Krševan** aus dem 12. Jahrhundert. Im Inneren werden die Arkadenwände von antiken Säulen gestützt, zudem sieht man die Statuen der Schutzheiligen von Zadar und ein Kruzifix von 1380, das Jacopo di Bonomo angefertigt haben soll.

Im Westen der Stadt diente der **Trg pet bunar**, der Fünf-Brunnen-Platz, einst der Wasserversorgung. Unterhalb liegen das verzierte **Landtor**, früher der einzige Zugang zur Stadt, und der alte **Hafen Foša**. Den nördlichen Zugang bildete später das **Seetor** mit venezianischen Löwen und einer Tafel über den Sieg der Seeschlacht bei Lepanto.

Tourist Information ➡ M6
Jurja Barakovića 5
23000 Zadar
✆ (023) 316-166
zadar.travel (Stadt)
www.zadar.hr (Region Zadar)

Archäologisches Museum/ Arheološki muzej ➡ M6
Trg opatice Čike 1
Zadar
✆ (023) 250-516
amzd.hr
Das zweitälteste Museum Kroatiens, gegründet 1832, zeigt sehenswerte Funde ab der Römerzeit und aus der ganzen Region.

Moderne Galerie/ Galerija umjetnina ➡ M6
Medulićeva 2, Zadar
✆ (023) 211-174
moderna-galerija.hr
Ausstellungen von dalmatinischen Malern und Bildhauern.

Museum Gold & Silber/ SICU Zlato i srebro Zadra ➡ M6
Trg opatice Čike 1, Zadar
✆ (023) 250-496
Im Benediktinerkloster Sv. Marija neben dem Archäologischen Museum ist Kroatiens wertvollste Kirchensammlung untergebracht. Anschaulich wird Zadars einstiger Reichtum dokumentiert.

Stadtmuseum/ Narodni muzej ➡ M6
Poljana pape Aleksandra III bb
Zadar
✆ (023) 251-851, www.nmz.hr
Naturwissenschaftliche und kulturgeschichtliche Abteilung. Schön sind die Modelle von der Entwicklung Zadars.

Meeresorgel/Morske orgulje und **Gruß an die Sonne/Pozdrav Suncu** ➡ M6
zadar.travel/de
An der Südwestspitze der Altstadthalbinsel erzeugt das Meerwasser, eingefangen von Röhren und Orgelpfeifen des Künstlers Nikola Bašić, eine kräftige Symphonie. Ebenfalls von Bašić stammt der faszinierende »Gruß an die Sonne«: Glasplatten spiegeln den Sonnenuntergang.

Foša ➡ M6
Ul. Kralja Dmitra Zvonimira 2
Zadar
✆ (023) 314-421
www.fosa.hr
Das rustikale Fischlokal liegt malerisch am alten Hafen Foša. Herrlich speist man auf der Terrasse am Meer mit Blick auf die Zitadelle und die Insel Ugljan in der Ferne. €€€

Niko ➡ M6
Obala kneza Domagoja 9, Zadar
✆ (023) 337-888
hotel-niko.hr
Traditionsreiches Fischlokal gegenüber der Marina Borik mit großer überdachter Terrasse. Sehr guter Service, Fischgerichte in allen Varianten, Schalen- und Krustentiere, dazu ausgesuchte Weine. €€

Veranstaltungen ➡ M6
Im Juli und August finden auf dem **Forumsplatz** Konzerte, Theateraufführungen und Folkloredarbietungen statt. Zu empfehlen sind die klassischen Konzerte mit hervorragender Akustik in der **Kirche Sv. Donat**, ein- bis zweimal wöchentlich. Im Juli sorgt das **Straßenkunstfestival Kalelargart** für Unterhaltung. Im August feiert die ganze Stadt die **Vollmondnacht**.

Ausflugsziele:

Bootsausflüge
Von der großen Hafenstadt Zadar kann man alle umliegenden Inseln erreichen und per Tragflügelboot oder Trajekt bis Pula und Italien fahren.

Ausflüge bieten sich nach **Nin** (vgl. S. 54 f.) und in die **Nationalparks Paklenica** (vgl. S. 55) und **Kornaten** (vgl. S. 52 f.) an.

Mitteldalmatien

Dieser Küstenabschnitt ist geprägt von einer abwechslungsreichen Landschaft mit gewaltigem Karst, wuchernder Macchia, subtropischer Vegetation, Gebirgen und Flüssen. Der den Meeressaum schützende Naturpark Biokovo erlaubt Panoramablicke sowohl zu den Inseln als auch in das waldreiche Landesinnere. Das Klima ist mild, doch ab und an können die kühlen Ostwinde ungebremst über das Dinarische Gebirge zur Küste wehen. Badefreunde sind in Mitteldalmatien bestens aufgehoben an den Kiesstränden der Makarska-Riviera oder am Goldenen Horn auf der Insel Brač.

Aber auch kulturell Interessierte kommen nicht zu kurz: Das mittelalterliche Museumsstädtchen Trogir und die Metropole der Region, Split, versprechen Abwechslung. Voller geschichtsträchtiger Bauten sind auch die vorgelagerten Inseln Hvar und Vis mit ihren schmucken Städtchen und das mitteldalmatinische Hinterland.

8 Brač (Insel) ➡ P/Q10–12
Das Gestein der Insel, der weiße Marmor, wurde bereits von den Sklaven der Römer abgebaut. Über Jahrhunderte entstanden daraus weltweit berühmte Gebäude wie der Diokletianpalast in Split, das Weiße Haus in Washington, D. C., und das Berliner Reichstagsgebäude.

Der bedeutende Bildhauer Ivan Rendić wurde auf Brač geboren, ebenso der kroatische Dichter Vladimir Nazor. Auf der Insel gedeihen Macchia-, Nadel- und Laubbäume und neben Gemüse auch Kiwis und Maraska-Kirschen. Kulinarische Spezialität sind Lammgerichte vom Holzofen.

Wichtigster touristischer Inselort mit Flughafen ist das rund 1700 Einwohner zählende **Bol** ➡ Q11 an der landschaftlich reizvollen Südküste. Attraktionen sind das **Goldene Horn** *(Zlatni rat),* eine ins Meer ragende Landzunge mit Feinkiesstrand und großem Wassersportangebot, und die Tennisturniere »Ladies Open«. Sehenswert sind auch das **Dominikanerkloster** und die **Eremitenstätte Blaca** in der Umgebung.

Weitere Ferienorte sind im Norden **Supetar** ➡ P11, ein hübsches Fährstädtchen mit Natursteinhäusern rund ums Hafenbecken und einem Mausoleum auf der Halbinsel, das kleine **Milna** ➡ P10 an der Westküste mit seinem Yachthafen und die alte Steinmetzstadt **Pučišća** ➡ P11 im Nordosten mit dem heute größten Marmorsteinbruch der Insel.

Splitska ➡ P11 ist ein kleiner Ort im Norden der Insel. Hier wurde einst der Marmor für die Prachtbauten abgebaut. Heute ist der Ort bedeutend wegen des Muttergottes-Gemäldes von Bassano in

Das Goldene Horn (Zlatni rat), eine Landzunge der Insel Brač

der Pfarrkirche aus dem 13. Jahrhundert. Etwas weiter liegt das Freilichtmuseum **Škrip** ➡ P11 herrlich auf einem Hochplateau.

In **Povlja** ➡ P12, noch etwas weiter östlich, gab es wahrscheinlich ein altchristliches Religionszentrum, von dort stammt die »Urkunde von Povlja«, die als ältestes kroatisches Schriftdenkmal gilt. Allein durch die Fährverbindung nach Makarska kennt man **Sumartin** ➡ Q12.

Die knapp 700 Einwohner zählende Stadt **Selca** ➡ P12 im Landesinneren wurde fast komplett aus Marmor erbaut. Ivan Meštrović schuf in der hoch aufragenden Kirche die Herz-Jesu-Statue.

Bademöglichkeiten gibt es rund um die Insel an kleinen Kiesbuchten und Felsküsten.

Tourist Information ➡ Q11
Porat bolskih pomoraca bb (am Hafenbecken)
21420 Bol
✆ (021) 635-638
www.bol.hr

Dominikanerkloster/ Dominikanski Samostan ➡ Q11
Anđelka Rabadana 4, Bol
✆ (021) 778-000
Malerisch am Meer gelegen, umrahmt von Pinien; das Museum zeigt u.a. Amphoren, glagolitische Messbücher und Tintoretto-Gemälde.

Eremitenstätte Blaca/ Pustinja Blaca ➡ Q11
Ca. 15 km von Bol
✆ (021) 637-092
Man muss sich vorab bei der Tourist Information von Bol anmelden. Das Kloster mit Museum liegt westlich und taleinwärts von Bol, gut getarnt am Fels in sengender Sonne. Bereits 1305 wurde es in Schriften erwähnt. Im 16. Jh. lebten hier Einsiedler, die die Glagoliza (vgl. S. 28) pflegten und wissenschaftlich arbeiteten, darunter der bekannte Astronom Nikola Milićević, dessen Bibliothek und Instrumente ebenso zu sehen sind wie ein Schulzimmer, wo die Kinder der Umgebung unterrichtet wurden.

Steinmetzschule/ Klesarska Škola ➡ P11
Nova riva bb, Pučišća
✆ (021) 633-114
Europas einzige Steinmetzschule: Donnerstagabends kann man den Studenten bei der Arbeit zusehen, wenn nicht gerade Sommerferien sind.

Konoba Mali Raj ➡ Q11
Put zlatnog rata, Bol
✆ (098) 756-922
Üppig bewachsene Natursteinterrassen; es gibt Gerichte vom Holzkohlengrill, z.B. Lamm, bei Vorbestellung auch vom Kalb oder Fisch. €–€€

Konoba Ribarska kućica ➡ Q11
Ante Starčevićeva bb, Bol
✆ (098) 902-9844
Schönes Fischlokal mit Terrasse am Meer und Blick aufs Kloster. Auch Fleisch und dalmatinische Vorspeisen. €–€€

Konoba Vinotoka ➡ P11
Jobova 6, Supetar
✆ (021) 630-969
konoba-vinotoka.eatbu.hr
Bestes Lokal der Stadt. Gespeist wird im Gewölbekeller oder im luftigen Raum gegenüber, es gibt Fischspezialitäten und eine große Auswahl an selbst gekelterten Weinen und Schnäpsen. €–€€

Vidova Gora ➡ Q11
In ca. zwei Stunden erreicht man von Bol aus die höchste Erhebung der Insel, den 778 m hohen Berg. Traumhafter Blick auf die gegenüberliegende Insel Hvar und das Küstengebirge. Gutes Schuhwerk ist nötig.

9 Hvar (Insel) ➡ Q10–13

Hvar zählt zu den sonnenreichsten dalmatinischen Inseln und ist überzogen von Lavendel- und Rosmarinbüschen und einer artenreichen Macchia. Touristenmagnet der 300 Quadratkilometer großen, sehr langen Insel ist im Westen der mittelalterliche Hauptort gleichen Namens.

Der Inselname stammt von den Griechen, die im 4. Jh. v. Chr. Pharos – das heutige Stari Grad – gründeten. Im 3. Jahrhundert kamen Römer, im 7. Jahrhundert Neretljaner, dann ungarisch-kroatische Könige, danach die Venezianer, die sich mit den Türken bekriegten, und schließlich Franzosen und Österreicher.

Oberhalb des Ortes **Hvar** ➡ Q10 befindet sich eine unter den Venezianern 1557 gemeinsam mit spanischen Soldaten errichtete **Festung**. Einen Besuch lohnen auch die beiden Renaissancebauten: das **Franziskanerkloster**, das Mitte des 15. Jahrhunderts auf der Landzunge südlich der Stadt erbaut wurde und dessen Inneres wertvolle Gemälde und ein geschnitztes Chorgestühl zieren, sowie die dreischiffige **Kathedrale Sv. Stjepan** mit angebautem Turm aus dem 16. Jahrhundert, der als schönster Dalmatiens gilt. Sehenswert sind die Barockaltäre, besonders der der Familie Hektorović.

Stari Grad ➡ Q11, 14 Kilometer östlich von Hvar, ist das älteste Städtchen der Insel mit blumenberankten Natursteinhäusern aus dem 16. Jahrhundert in einem Labyrinth von Gassen und schönen Plätzen. Aus der griechischen Epoche sind Reste der Zyklopenmauer erhalten, viele weitere Kulturschätze harren noch unter der Erde auf ihre Freilegung. Die seit der Antike landwirtschaftlich genutzte Ebene im Osten der Stadt steht seit 2008 auf der UNESCO-Weltkulturerbeliste. Heute wird in der Fährstadt alljährlich ein Schwimmmarathon ausgetragen.

Startklar zum Abheben beim Parasailing vor der Insel Hvar

Sehenswert ist auch das **Wehrschloss Tvrdalj**. Im **Dominikanerkloster**, dessen heutige Erscheinung aus dem 16. Jahrhundert stammt, ist ein kleines archäologisches und sakrales Museum eingerichtet.

Jelsa ➡ Q11, ein kleines Weinstädtchen, liegt 20 Kilometer östlich von Hvar an einem Fjord. Wanderfreudige können in einer Stunde hinauf zum Beobachtungsposten **Tor** aus dem 3./4. Jahrhundert v. Chr. laufen oder noch etwas weiter zum **Grad**, zu den römischen Fes-

Lavendel – das Markenzeichen von Hvar

tungsruinen – ein herrlicher Weitblick belohnt die Anstrengung.

Im verschlafenen **Vrboska** ➡ Q11, einem kleinen Fischerort etwa ein Kilometer nördlich von Jelsa, sollte man die im Baustil einmalige **Laurentiuskirche**, die nur am Vormittag geöffnet ist, besuchen. Sie birgt die Gemälde »Mariä Geburt« von Antonio Sciuri (17. Jh.) und »Jungfrau von Carmel« von Stefano Celesti aus dem Jahr 1659 sowie im Hauptaltar das berühmte Triptychon des venezianischen Meisters Veronese (1528–88) mit Darstellungen des hl. Lorenz. 550 Einwohner zählt das ruhige Örtchen, das sich um einen langen Meeresarm ausbreitet.

Interessant ist auch die 200 bis 300 Jahre alte Hirtensiedlung **Humac** ➡ Q11 mit steingeschichteten Häusern und einer Konoba (ca. 8 km ostwärts von Jelsa Richtung Sućuraj). Im Rahmen einer Führung gelangt man von Humac in 30 Minuten zur Höhle **Grabčeva špilja** ➡ Q11, in der 1912–52 sensationelle Zeugnisse einer Kultur von 4500 bis 1000 v. Chr. entdeckt wurden. Heute kann man lediglich Stalagmiten und Stalaktiten bewundern.

Die restliche Insel birgt neben dem Fährort Sućuraj im Osten viele kleine Weiler und schöne Badebuchten.

Tourist Informationen

–Trg Svetog Stjepana (im Arsenal)
21450 Hvar ➡ Q10
✆ (021) 742-059
visithvar.hr
– Obala dr. Franje Tudmana 1
21460 Stari Grad ➡ Q11
✆ (021) 765-763
www.visit-stari-grad.com

Festung Hvar/ Tvrđava Fortica ➡ Q10

Hvar

In der Festung oberhalb der Stadt ist heute ein **Amphorenmuseum** eingerichtet. Schöner Blick auf die Stadt und die vorgelagerten Pakleni Otoki. Entspannung bietet eine Lounge-Bar.

Theater und Arsenal Hvar/ Hvarsko kazalište i Arsenal ➡ Q10

Hvar

Die Hvarer führten bereits im 14. Jh. vor der Kathedrale religiöse Stücke auf. Im Jahr 1612 baute man das Arsenal, einst Lagerhaus für Kriegsgaleeren, zur

Glasklares Wasser im Hafen von Hvar, im Hintergrund das Franziskanerkloster aus dem 15. Jahrhundert

Theaterbühne um und konkurrierte nun mit Italiens ältesten Bühnen.

Wehrschloss Tvrdalj/ Gradina Tvrdalj ➡ Q11
Stari Grad
Im Schloss mit Fischteich residierte der Dichterfürst Petar Hektorović. Im ethnografischen Museum bekommt man einen Einblick in die Vergangenheit.

Val Marina Restaurant ➡ Q10
Obala Fabrika 28, Hvar
✆ (021) 750-200, www.suncanihvar.com/adriana-hvar-spa-hotel.html
Empfehlenswertes Fisch- und Steakrestaurant im Hotel Adriana an der Hafenpromenade. Von der Terrasse Panoramablicke auf Altstadt und Hafen. Mediterrane und kroatische Spezialitäten, Frühstück und Abendessen. €€–€€€

Konoba Bonaca ➡ Q10
Riva bb, Hvar
✆ (099) 687-3285
Auf der mediterranen Speisekarte dominieren kroatische Gerichte mit Fisch und Meeresfrüchten sowie gute Weine. Bucht-Panorama inklusive. €€

Murvica Restaurant ➡ Q11
Stadtzentrum, Jelsa
✆ (021) 761-405
www.murvica.net/de/restaurant
Mediterrane Köstlichkeiten in erstklassigem Restaurant. Das gemütliche Lokal steht unter deutsch-kroatischer Führung. Landestypische Gerichte mit frischen, regionalen Zutaten, zum Teil aus eigener Produktion. Nur Abendessen. €€

Restaurant Antika ➡ Q11
Duolnja Kola (kurz vor der Piazza Škor), Stari Grad
✆ (099) 798-1734
Restaurant und Cafébar: Frühstück, gute Fischgerichte und gehaltvolle Cocktails. €€

Hvarer Sommer ➡ Q10
Konzerte in der Kirche Sv. Stjepan und im Franziskanerkloster.

Ausflugsziele:

Pakleni Otoci ➡ Q10
Zum Baden pendeln Ausflugsschiffe zwischen Hvar und den vorgelagerten sogenannten Hölleninseln.

Makarska ➡ P/Q12

Die Küsten- und Fährstadt (zur Insel Brač) ist touristisches Zentrum der Makarska-Riviera und blickt auf eine bewegte Geschichte zurück. Makarska liegt unterhalb des mächtigen, bis auf 1762 Meter ansteigenden Biokovo-Gebirges an einer geschützten Bucht, die gesäumt wird von dem stiefelförmigen Halbinselchen Sv. Petar und dem Kap Osejava.

Entlang der palmenbestandenen Uferpromenade ist das Angebot an Cafés und Restaurants groß. Die zahlreichen Hotels liegen in Laufweite, die meisten im Westen der quirligen Altstadt. Sehenswert sind das alte **Franziskanerkloster** und das gleich nebenan untergebrachte **Muschelmuseum**.

Goldene Feinkiesstrände, kristallklares Wasser und beeindruckende Aleppokiefernwälder sind charakteristisch für den malerischen, 60 Kilometer langen Küstenabschnitt der **Makarska-Riviera**. Diese zieht sich von Donja Brela ➡ P12 bis nach Gradac ➡ Q13. Beliebte Ferienorte sind **Baška Voda** ➡ P12, **Tučepi** ➡ Q12, **Podgora** ➡ Q12 und **Igrane** ➡ Q13.

Tourist Information ➡ P/Q12
Obala Kralja Tomislava 16
21300 Makarska
✆ (021) 650-076
www.makarska-info.hr
makarska.hr

Muschelmuseum/ Malakološki Muzej ➡ P/Q12
Franjevački put 1, Makarska
✆ (099) 463-9293
malakoloski-muzej-makarska.eu
An das Franziskanerkloster angebaut präsentiert das Museum Muscheln aus aller Herren Länder.

Franziskanerkloster/ Franjevački samostan ➡ P/Q12
Franjevački put 1, Makarska
Eintritt frei
Franziskaner kamen gegen Ende des 15. Jahrhunderts nach Makarska und ließen sich außerhalb der Siedlung bei der Kirche der Heiligen Maria nieder. Ihr Kloster wurde mehrfach zerstört. Im Laufe der Jahrhunderte ist eine Bibliothek mit heute rund 5000 Büchern sowie 24 Inkunabeln, zahlreichen Zeitschriften und Handschriften entstanden. Außerdem ist eine Gemäldesammlung zu sehen.

Restaurant Jež ➡ P/Q12
Kralja Petra Krešimira IV 90 (nahe Hotel Dalmacija), Makarska
✆ (021) 611-741
Sehr exklusive Adresse, besonders beliebt sind die Fischgerichte. €€–€€€

Grill Panorama ➡ P/Q12
Veliko Brdo, Makarska
✆ (098) 464-280
www.restoranpanorama.eu
Die Aussicht von dem rund 400 m hoch über der Stadt gelegenen Restaurant ist großartig. Das Essen mit gegrilltem Fisch und Fleisch ist mediterraner und kroatischer Art und schmeckt sehr gut. €€

Ausflugsziel:

Naturpark Biokovo/ Park prirode Biokovo ➡ P/Q12
www.nn-biokovo.hr
Auf einer mautpflichtigen Panoramastraße gelangt man nach 12 km zum Gipfel **Sv. Jure** (1762 m). In dem Gebirge wachsen zahlreiche wilde, endemische Pflanzen. Schön sind auch Mountainbike- oder Trekkingtouren.

Omiš ➡ P11

Das einstige Hauptquartier der dalmatinischen Seeräuber liegt malerisch eingekeilt zwischen dem schützenden Fels der Mala Dinara, dem Meer und dem Fluss Cetina, an dessen Ufer Kähne ankern oder Fischer für eine Cetina-Fahrt werben. Die mittelalterliche Altstadt wird überragt von den Ruinen der **Peovica-Festung**, auch Mirabella genannt.

Die Umgebung lockt zu **Kajak- und Raftingtouren** auf dem Fluss Cetina, zu Fahrradtouren ins **Cetina-Tal** und zu Ausflügen entlang der **Omiš-Riviera**.

Tourist Information ➡ P11
Fošal ulica 1 a
21310 Omiš
✆ (021) 861-350
www.visitomis.hr/de

10 Split ➡ O/P10

Die große Hafenstadt mit rund 150 000 Einwohnern ist wirtschaftliches, kulturelles und politisches Zentrum Dalmatiens und Ausgangspunkt zu vielen Inseln. Die Altstadt mit ihrem beeindruckenden, 1700 Jahre alten **Diokletianpalast**, der einem Freilichtmuseum gleicht, zählt zu den besterhaltenen antiken Bauwerken und wurde bereits 1979 zum UNESCO-Weltkulturerbe erklärt. Neben zahlreichen Museen gibt es viele Kirchen zu besichtigen.

Auf einer Landzunge gelegen breitet sich die Altstadt um den Hafen aus. **Marjan**, der beliebte Ausflugsberg im Westen von Split, gilt als grüne Lunge der Stadt. Bewachsen mit Aleppokiefern bietet er einen schönen Ausblick über die Stadt und die nahe gelegenen Inseln.

Split, das kulturelle Zentrum Dalmatiens

Der Hafen ist ein Verkehrsknotenpunkt und Umschlagplatz für die Waren der weiterverarbeitenden Industrie dieser Gegend. Aber nicht nur in wirtschaftlicher, sondern auch in kultureller Hinsicht hat Split für Kroatien Bedeutung. Im Sommer tragen Theaterfestivals und das vielfältige Angebot des Kroatischen Nationaltheaters neben der beachtlichen Zahl an Museen und Galerien zum Status der Kulturmetropole bei.

Tourist Information ➡ cC3
Peristil bb, 21000 Split
✆ (021) 345-606
visitsplit.com

Info Center Park Marjan
➡ west. cC1
Drazanac 3 a, 21000 Split
✆ (021) 362-991
www.marjan-parksuma.hr
www.visitmarjan.com
Seit 2021 informiert ein Besucherzentrum über den schützenswerten Waldpark und seine Freizeitangebote.

Archäologisches Museum/ Arheološki muzej ➡ nördl. cA2
Zrinjsko-Frankopanska 25, Split
✆ (021) 329-340
www.armus.hr
Funde der Ausgrabungsstätte Salona, Skulpturen römischer Gottheiten; bedeutende Sammlung von Grabplastiken.

Ethnografisches Museum/ Etnografski muzej ➡ cB3
Iza Vestibula 4, Split
✆ (021) 344-164
etnografski-muzej-split.hr
Im Inneren des Kommunalpalasts ist die Volkskundesammlung der Stadt mit Trachten, Gebrauchsgegenständen und vielem mehr untergebracht.

Galerie Meštrović/ Galerija Meštrović ➡ westl. cC1
Šetalište Ivana Meštrovića 46
Split
✆ (021) 340-800
mestrovic.hr
Eine schöne Sammlung der bedeutendsten Arbeiten des Künstlers.

Galerie der Schönen Künste/ Galerija umjetnina ➡ cB3
Kralja Tomislava 15, Split
✆ (021) 350-110
www.galum.hr

Ivan Meštrović
Der bedeutende kroatische Künstler und Bildhauer wurde 1883 in Vrpolje im Nordosten Kroatiens geboren. In Split absolvierte er eine Steinmetzlehre, zog dann weiter nach Wien, um an der Akademie der Bildenden Künste zu studieren. 1947 emigrierte Meštrović in die USA und starb 1962 in Indiana.

Meštrović bezog seine Inspiration aus der Religion, der Mythologie und der Liebe zu seinem Vaterland. Er schuf Werke von enormer Ausdruckskraft, die durch präzise Mimik und Detailverliebtheit beeindrucken, sie sind im ganzen Land zu sehen.

Skulpturen und Gemälde vom 14. Jh. bis heute. Überblick über die Entwicklung der Kunstszene der Region.

Marinemuseum/ Pomorski muzej ➡ östl. cA5
Glagoljaška 18, Split
✆ (021) 347-346
www.hpms.hr
Alles zum Thema Schiffe, Waffen, Krieg. Der weltweit älteste Torpedo sowie Schiffsgemälde, -modelle und -karten.

Museum Kroatischer Archäologischer Denkmäler/ Muzej hrvatskih arheoloških spomenika ➡ westl. cC1
Stjepana Gunjace bb, Split
✆ (021) 323-901
www.mhas-split.hr
Eintritt frei
Funde aus dem 7.–12. Jh., u. a. das Višeslav-Taufbecken aus Nin.

Stadtmuseum/ Muzej Grada Splita ➡ cB4
Im Palast Papalić
Papalićeva 1, Split
✆ (021) 360-171
www.mgs.hr
Ausstellung zur Stadtgeschichte.

Diokletianpalast/ Dioklecijanova palača ➡ cC4
Dioklecijanova ulica, Split
Zugang zum Palast frei
Der in Salona regierende Kaiser Diokletian ließ hier in Split während seiner Regierungszeit von 284–305 n. Chr. seinen 30 000 m^2 großen Altersruhesitz bauen. Ein viereckiger Palast mit 16 Türmen, prächtigen Fassaden, vier Toren und vier Tempeln. Als Salona im 7. Jh. zerstört wurde, flüchteten seine Einwohner hierher. Als Stadtplatz wählte man das Peristyl (von hier aus ging es zu den kaiserlichen Gemächern) und das große Mausoleum wurde zur Kathedrale.

Kathedrale des hl. Domnius/Katedrala Sv. Duje ➡ cC3/4
Split
Beeindruckendes Bauwerk (außen achteckig, innen rund) mit hoch aufragendem Glockenturm (1214). Das Innere zieren eine romanische Steinkanzel, spätgotische Altäre, u. a. von Juraj Dalmatinac, eine wunderschöne geschnitzte Holztür aus dem 13. Jh. sowie eine wertvolle Schatzkammer. Zum Glockenturm kann man hinaufsteigen und aus 60 m Höhe einen fantastischen Ausblick genießen.

Fantazija Kitchen & Wine Restaurant ➡ cB2
Ulica bana Jelačića 1, Split
✆ (091) 787-5762
fantazija-split.com
Hervorragendes Essen mit lokalen Zutaten, angenehmes Ambiente in einem historischen Steinhaus, dazu eine ausgezeichnete Weinkarte und gute Musik. €€–€€€

Buffet Fife ➡ westl. cC1
Trumbićeva obala 11, Split
✆ (021) 345-223

»Römisches Leben« im Diokletianpalast in Split

Alteingesessenes einfaches Fischlokal mit Terrasse nahe dem Stadthafen. €

Spliter Sommer
Den ganzen Sommer hindurch kann man in Split Konzerte, Theater- und Ballettaufführungen, u. a. im Peristyl, besuchen.

Ausflugsziele:

Salona ➡ O10
Ca. 2 km nördl. von Split
Solin
www.solin-info.com
mdc.hr
Das Ruinenfeld der geschichtsträchtigen Stadt, die 74 v. Chr. die Hauptstadt der römischen Provinz Dalmatien war. Ein beeindruckender Spaziergang entlang antiker Säulen- und Mauerreste des riesigen Areals.

Festung Klis ➡ O10
Trg Mejdan, 11 km nördl. von Split, Klis
✆ (095) 384-1119
www.tvrdavaklis.com
Oberhalb der Gebirgszüge Kozjak und Mosor erhebt sich die mächtige Festungsanlage, um die sich viele Völker stritten. Der Blick von der Festung auf Split, das Meer und die Inseln ist überwältigend. Hier wurden einige Szenen der Fernsehserie Games of Thrones gedreht.

Sinj ➡ O11
23 km nördlich von Klis gelangt man zum Städtchen Sinj, das bekannt ist für seine Reiterspiele, **Alka** genannt, die an den heldenhaften Sieg 1715 über die türkischen Eroberer erinnern sollen. Sie werden an jedem ersten Sonntag im August aufgeführt. Es gibt zudem ein **Heimatmuseum** mit Trachten und Waffen. Die Tourist Information befindet sich in der Put Petrovka 12 (www.visitsinj.hr/de).

Reste der »Colonia Martia Iulia Salona«

Trogir ➡ O/P10

Das malerische mittelalterliche Städtchen, seit 1997 UNESCO-Weltkulturerbe, wurde auf einer künstlich angelegten Insel erbaut, die durch eine Brücke sowohl mit dem Festland als auch mit der Insel Čiovo verbunden ist. Seiner 2000-jährigen Geschichte begegnet man in den engen Gassen auf Schritt und Tritt. Für Kulturbegeisterte ist die Stadt sicherlich ein beschaulicher Aufenthaltsort.

In der sehenswerten Altstadt beeindruckt am Hauptplatz die **Kathedrale Sv. Lovro** aus dem 13. Jahrhundert, ihr Eingangsportal ist ein Meisterwerk des Bildhauers Radovan. Das Innere birgt wertvolle Gemälde und die Schatzkammer.

Einen Besuch lohnen auch das **Nikolauskloster mit Museum** und das **Stadtmuseum**; am westlichen Ende dominiert das **Kastell Kamerlengo**, in dem Konzerte stattfinden und internationale Kinofilme gezeigt werden.

Baden kann man am besten auf der nahen **Insel Čiovo** oder den vorgelagerten **Inseln Drvenik**.

Tourist Information ➡ O10
Trg Ivana Pavla II
21220 Trogir
✆ (021) 885-628
www.visittrogir.hr

Restaurant Alka ➡ O10
Ul. Augusta Kažotića 15
Trogir
✆ (021) 881-856
restaurant-alka.hr
Zählt zu den besten Restaurants der Stadt: Sitzmöglichkeiten im Freien, große Auswahl an Fisch- und Fleischgerichten. €€€

Konoba Trs ➡ O10
Matije Gupca 14, Trogir
✆ (021) 796-956
konoba-trs.com
Gemütliche Terrasse im Herzen der Altstadt. Herzhafte Fisch- und Fleischgerichte sowie eine vorzügliche Weinauswahl, darunter viele kroatische Weine. €€–€€€

Ausflugsziel:

Insel Čiovo ➡ P10
Auf der Insel empfiehlt sich ein Besuch des **Dominikanerklosters Sv. Križ** aus dem 15. Jh. (an der Pforte läuten).

Vis (Insel) ➡ R9/10

Die Insel war wegen ihrer exponierten Lage ein wichtiger, von vielen Machthabern genutzter Militärstützpunkt und bis 1989 für Ausländer gesperrt. Vis ist aber auch die Insel der guten Weine, u. a. des goldgelben Vugava, wie schon griechische Geschichtsschreiber zu Protokoll gaben.

An einer tief eingeschnittenen großen Bucht, umgeben von stattlichen Häusern, Palästen und gedrungenen Palmen, liegt die Stadt **Vis** (ehemals Issa). Im Westen der Insel findet sich das verträumte **Komiža** mit einer palmengesäumten Uferpromenade und dem trutzigen Kastell, in dem heute ein kleines Fischereimuseum untergebracht ist. Oberhalb am Weinberg liegt das von den Benediktinern aus Biševo errichtete wehrhafte Kloster aus dem 13. Jahrhundert.

Die vorgelagerte Insel **Biševo** bietet breite Badebuchten und ist mit ihren vielen Grotten ein reizvolles Tauchrevier.

Tourist Information ➡ R9
Šetalište stare Isse 5
21480 Vis
✆ (021) 717-017, tz-vis.hr

Archäologisches Museum/ Arheološki muzej ➡ R9
Šetalište Viškiboj 12, Vis
✆ (021) 711-729
Funde aus verschiedenen Epochen.

Stiniva-Bucht auf Vis

Antikes Issa ➡ R9
Vis
Heute ein eingezäuntes Ausgrabungsgelände mit ein paar Mauerresten und Mosaiken. Gegenüber, auf der Halbinsel Prirovo, stand einmal ein römisches Theater, heute prunkt ein Franziskanerkloster mit Kirche aus dem 16. Jh. im üppigen Grün.

Restaurant Val ➡ R9
Don C. Marasovića 1, Vis
✆ (021) 711-763
Gutes Fischlokal im Stadtteil Kut mit Terrasse unter Palmen und Blick aufs Meer. €€

Konoba Roki's ➡ R9
4 km oberhalb von Vis in Plisko Polje an der alten Inselstraße
✆ (021) 714-004
www.rokis.hr
Typische Gerichte mit Gemüse und Wein aus eigenem Anbau, aber auch Fleisch- oder Fischgerichte, unter der *peka* (einer Tonglocke) gegart, und gegrillter Fisch. Nur mit Reservierung. Auf der Speisekarte stehen auch Bioweine vom familiengeführten Weingut. €

Vinothek Lipanović ➡ R9
Ulica bana Jelačića 58 a, Vis
✆ (091) 547-2766
Gute Inselweine wie Vugava oder Plavac und Schnäpse.

Ausflugsziel:

Biševo (Insel) ➡ R9
Attraktion auf der 5,8 km^2 großen Insel ist die **Blaue Grotte** (Modra špilja). Um die Mittagszeit dringen unterseeisch Lichtstrahlen ein und lassen die Höhle blau erleuchten. Ausflugsfahrten von Komiža und vielen Touristenorten aus.

Süddalmatien

Das sonnenverwöhnte Süddalmatien zeigt eine abwechslungsreiche Landschaft aus gewaltigem Karst, wuchernder Macchia, subtropischer Vegetation, fruchtbarem Schwemmland und zahlreichen großen und kleinen Inseln im Meer.

Städtebaulich sticht Dubrovnik (vgl. S. 12 ff.) mit seiner begehbaren Stadtmauer heraus, auch das südlich gelegene Cavtat ist ein Kleinod. Von der Halbinsel Pelješac kommen Spitzenweine. Imposante Buchten, eine wunderschöne Altstadt und die besten Tauchgebiete bietet die Insel Lastovo. Einen Kontrast zu allem fin-

Viermaster vor Korčula

det man im fruchtbaren Neretva-Delta mit dem antiken Highlight Narona.

An Aktivitäten steht an erster Stelle der Wassersport mit Schnorcheln und Tauchen im glasklaren Wasser. In der teils unberührten Landschaft kann man Mountainbiketouren unternehmen oder wandern und kleine Inselberge wie den Mljet erklimmen.

Cavtat ➡ T16

Das 2000-Einwohner-Städtchen mit dem nahen Flughafen bildet das touristische Schlusslicht an der langen kroatischen Küste. Die Altstadt liegt idyllisch auf einer kleinen Halbinsel. Oberhalb thront das von Ivan Meštrović geschaffene Mausoleum der Familie Račić. Bereits die Griechen hatten hier eine Siedlung, die Römer nannten sie Epidaurum. Im 7. Jahrhundert flohen ihre Bewohner vor den Slawen und Awaren und legten den Grundstein für das heutige Dubrovnik. Rund um die Stadt gibt es herrliche Badebuchten.

Tourist Information ➡ T16
Zidine 6, 20210 Cavtat
✆ (020) 479-025
visit.cavtat-konavle.com

Bogošić-Museum/ Muzej Bogošića ➡ T16
Obala dr. A. Starčevića 18
Cavtat
✆ (020) 478-556
Das Museum ist im Rektorenpalast untergebracht und wurde nach dem gleichnamigen Rechtsgelehrten benannt. Es beherbergt u. a. eine umfangreiche Bibliothek, eine historische und grafische Sammlung und ein Lapidarium.

Franziskanerkloster/ Franjevački samostan ➡ T16
Šetalište Rat 2, Cavtat
Besichtigung nach Vereinbarung

Skulptur der Kathedrale Sv. Marko in Korčula

Das im 15. Jh. errichtete Kloster birgt in der im gotischen Stil errichteten Kirche ein Polyptychon des Künstlers Lovro Dobričević.

Restaurant Leut ➡ T16
Trumbicev put 11, Cavtat
✆ (020) 478-477
www.restaurant-leut.com
Traditionsreiches Lokal mit sehr guten Fisch- und Fleischgerichten und kiefernbestandener Terrasse am Meer. €€

Korčula (Insel) ➡ R11–13

Die 276 Quadratkilometer große Insel mit rund 15 000 Einwohnern steht in der touristischen Beliebtheit ganz oben. Sie ist von Weinfeldern, Olivenbäumen, Zypressen und Aleppokiefern überzogen und war bereits vor 8000 Jahren bewohnt. Bei der Seeschlacht vor Korčula 1298 zwischen Venedig und Genua wurde der Weltumsegler Marco Polo gefangen genommen. Die tapferen Korčulaner erwehrten sich der neapolitanischen Flotte 1483 und der Türken 1571, einen Tag vor der großen Seeschlacht bei Lepanto.

Säbeltänze Moreška und Kumpanija

Der Schwerttanz **Moreška** war im 12. und 13. Jahrhundert im Mittelmeerraum verbreitet und fand seinen Weg im 16. Jahrhundert nach Kroatien, wo er heute nur noch in Korčula gepflegt und aufgeführt wird. Prächtige Kostüme, klingende, funkensprühende Säbel und moderne Brassmusik erinnern an die Zeit der Osmanenbelagerung. Zwei Gruppen junger Männer kämpfen gegeneinander. Symbolisch stellen sie – in roter und schwarzer Kleidung – den Gegensatz von Gut und Böse dar: Die Verlobte (Bula) des weißen Königs (in Rot) wird vom schwarzen König entführt und am Ende der sieben Kämpfe befreit. Die große Moreška-Aufführung mit Prozession findet jährlich am 29. Juli zum Stadtfest Sv. Todor in Korčula statt.

Der Schwert- oder Säbeltanz **Kumpanija** stammt aus der Zeit, als sich Bewohner zu sogenannten Volksarmeen zusammenschlossen, um ihren Ort zu beschützen. Jeder Kampf gegen den Feind endete mit einem Tanz, der noch heute aus 17 Figuren (Formationen) besteht. Die Kämpfer tragen rote, weiße und schwarze Kostüme, dabei werden die Säbel geschwungen und Wortgefechte wechseln sich mit Trommelschlägen, Dudelsackklängen und Flötenspiel ab. Einst fehlte auch eine Stieropferung nicht. In den Dörfern Žrnovo, Pupnat, Blato, Smokvica, Čara und Vela Luka finden in den Sommermonaten Aufführungen statt, die Hauptaufführung am 28. April in Blato.

Der Hauptort **Korčula** ➡ R13, ein mittelalterliches Museumsstädtchen, wird von allen Kreuzfahrtschiffen angelaufen. Seine **St.-Markus-Kathedrale** beeindruckt mit gotischen und Renaissanceelementen sowie einem mit Löwen verzierten Eingangsportal. Der Korčulaner Steinmetz Marko Andrijic fertigte 1481 die Rosette, die Glockenkuppel und – sein Meisterwerk – das Steinziborium über dem Altar. Ivan Mestrović schuf 1915 eine Pietà und die Statue des hl. Blasius.

Die **Schatzkammer** im Bischofspalast neben der Kathedrale birgt in sieben Sälen eine reiche Sammlung von Ikonen, Münzen, Skizzen von Leonardo da Vinci und Giovanni Battista Tipolo sowie Gemälde u.a. von zeitgenössischen kroatischen Künstlern.

In Korčula befindet sich das (vermeintliche) **Geburtshaus von Marco Polo**. Westlich der Altstadt, entlang der Palmenpromenade, prunkt das bereits im 15. Jh. gegründete **Dominikanerkloster Sv. Nikola**, dessen Gebäude jedoch im Wesentlichen aus dem 17. Jh. stammen.

Das Hafenstädtchen und Therapiezentrum **Vela Luka** ➡ R11 liegt an einem langen Fjord. Einen guten Rundumblick über die Stadt und die vorgelagerten Badeinseln **Ošjak** und **Proizd** ➡ R11 bietet der nahe **Berg Hum** ➡ R11. In der **Grotte Vela špilja** ➡ R11 im Nordosten der Stadt werden seit 1974 Relikte der Vergangenheit gefunden; ab und an werden dort Konzerte veranstaltet.

Der Ort **Blato** ➡ R11 in der Inselmitte und **Prižba** ➡ R11 an der Südküste sind ebenfalls Anlaufpunkte für Touristen.

Tourist Information ➡ R13
Trg 1 travnja 1921, br. 40
20260 Korčula
✆ (020) 715-701
www.visitkorcula.eu

Pupnatska Luka ➡ R12
Türkis leuchtende, weiß gerahmte und vom Grün der Aleppokiefern gesäumte Kiesbucht. Die Zufahrt hinab ist nur mit robustem Allrad-

fahrzeug zu empfehlen, ansonsten bleibt nur der sich durch satte Macchia schlängelnde Fußweg in die Bucht hinunter. In der Saison hat unten eine Konoba geöffnet.

Filippi ➡ R13
Šetalište Petra Kanaveliča
Korčula
✆ (098) 275-701
www.restaurantfilippi.com
Modern inspirierte dalmatinische Gerichte mit frischen Zutaten aus der Umgebung, auch regionale Weine. Von der Terrasse geht der Blick übers Wasser. €€–€€€

Konoba Maslina ➡ R13
Lumbarajska ulica, Korčula
✆ (020) 711-720
Von Einheimischen und Touristen gelobtes Lokal. Übersichtliche Speisekarte, authentische kroatische Gerichte mit Fisch und Meeresfrüchten, Lamm und Rindfleisch. €€

Konoba Adio Mare ➡ R13
Ul. Marka Pola 2
Korčula
✆ (020) 711-253
www.konobaadiomare.hr
Traditionsreiches Lokal im Gewölbekeller mit kleiner Stube darüber und Terrasse. Korčulaner Spezialitäten wie *pasticada* mit Gnocchi, Fisch-*brodetto* und dazu kräftiger Inselwein. €–€€

Cocktailbar Massimo ➡ R13
Im Zakrjan-Turm, Korčula
✆ (099) 214-4568
cocktail-bar-massimo.business.site
Die Coktailbar befindet sich im Turm der Stadtmauer ganz oben, herrlich bei Nacht. Gute Cocktails und auch Snacks.

Marco-Polo-Fest
Letzte Maiwoche
Zum Gedenken an Marco Polo und die Schlacht um Korčula findet jährlich in der letzten Maiwoche vor der Altstadt ein Spektakel mit Schiffen, historischen Kostümen, Konzerten und Ausstellungen statt.

Ausflugsziel:

Klosterinsel Badija ➡ R13
Vorgelagerte Insel mit Franziskanerkloster aus dem 14. Jh. im Kiefern- und Zypressenwald. Hierher kann man sich auch zum Baden schippern lassen.

Lastovo (Insel) ➡ S11/12

Ein Schiffsausflug lohnt zur landschaftlich sehr reizvollen, neun Kilometer langen und sechs Kilometer breiten Insel, die bis 1989 für militärische Zwecke genutzt wurde und für Touristen nicht zugänglich war. 2006 wurden die Insel und der gesamte Archipel zum Naturpark Lastovo erklärt. Als Vorposten der Inselwelt blickt sie auf eine reiche Geschichte zurück. Kalksteinhügel und Karstfelder durchziehen das buchtenreiche und von vielen Inselchen umgebene Eiland. Touristisch ist sie noch kaum erschlossen.

Der sehenswerte Hauptort **Lastovo** ➡ S12 liegt in einem Hochtal am Hang im Landesinneren. Wahrzeichen sind die aus allen Häusern ragenden, unterschied-

Ein Skorpionfisch in der fantastischen Unterwasserwelt der Insel Lastovo

lichen Schornsteine. Auch von hier kommen sehr gute Weine. Im Ort **Ubli** ➡ S12 legen die Fähren an. Die rund 800 Einwohner leben hauptsächlich von Landwirtschaft, Fischfang und Weinanbau.

Die Gewässer rundum sind sehr fischreich und bieten eine fantastische Unterwasserwelt zum Tauchen und für Hochseefischer.

Tourist Information ➡ S12
Pjevor 7, 20290 Lastovo
✆ (020) 801-018, tz-lastovo.hr

Mljet (Insel) ➡ S13–15

Die südlichste der kroatischen Inseln liegt hinter den Elaphiten und wird ein- bis zweimal wöchentlich vom Festland und von vielen Exkursionsbooten angefahren. Die 98 Quadratkilometer große »Honig-Insel« *(melite nesos)* – so wurde sie von den Griechen genannt – unterscheidet sich von allen anderen kroatischen Inseln.

Die Insel ist zum großen Teil mit Kiefern und Steineichen bewachsen, der Rest, das Gebiet um die Salzseen, wurde 1960 zum **Nationalpark** ➡ S13/14 erklärt. Die beiden **Salzseen Veliko und Mali jezero** sind eine Attraktion und untereinander durch einen Kanal und mit dem Meer verbunden. Mittendrin liegt das **Klosterinselchen Sv. Marija**, von den Benediktinern erbaut, zu dem man sich hinüberschippern lassen kann. Ein Wanderweg führt um die von Pinien und Macchia eingerahmten, blau-türkis leuchtenden, fischreichen Seen.

Auf der Insel gibt es nur sehr kleine Orte, touristisch etwas belebt ist **Pomena** ➡ S13 nahe den Salzseen, ausgestattet mit einem Hotel, ein paar Restaurants und einem Anleger für Yachten.

Nationalpark Mljet ➡ S13–15
✆ 020-744-041, www.np-mljet.hr
Ganzjährig zugänglicher Nationalpark.

Pelješac (Halbinsel)

➡ R–S12–15

Die 350 Quadratkilometer große Insel der Seefahrer weist schroffe Berge von fast 1000 Metern Höhe auf, in denen heute noch Schakale heulen und Mufflons klettern.

Von der Insel stammen die besten Weine und es gibt hervorragende Muscheln und Austern. Zum Baden locken zahlreiche ruhige Buchten. Pelješac und die Insel Korčula trennt nur ein Kanal.

Fünfeinhalb Kilometer ziehen sich die Mauern des Befestigungssystems in **Veliki Ston** ➡ S14 den Berghang mit Bastionen hinauf und auf der nördlichen Bergseite in **Mali Ston** ➡ S14/15 wieder hinab, unterbrochen von der Festung Koruna. Schon etliche Male wurde an den Grundfesten gerüttelt, das zuletzt 1996, als ein schweres Erdbeben das inzwischen wieder aufgebaute Veliki Ston weitgehend zerstörte.

Im Hafenstädtchen **Orebić** ➡ R13 (Fährort zu Korčula) prägen Kapitänsvillen in üppig sprießenden Gärten das Bild. Im Hintergrund ragt der mächtige Berg Sv. Ilija auf.

Etwa zwei Kilometer (Abzweig beim Hotel Bellevue) entfernt von Orebić thront hoch oben das **Franziskanerkloster** ➡ R13. Von der Renaissance-Loggia aus genießt man einen weiten Blick über den Kanal, auf die vorgelagerten Inseln und auf Korčula-Stadt. Das Kloster wurde ab 1470 im gotischen Stil strategisch an der Grenzlinie zur Republik Dubrovnik errichtet, um die Venezianer, die das gegenüberliegende Korčula verwalteten, besser beobachten zu können. Das Museum dokumentiert die Vergangenheit.

Ein reizvolles Wanderziel ist sicherlich der 961 Meter hohe **Sv. Ilija** ➡ R13, auch Monte Vipera genannt, der höchste Berg aller kroatischen Inseln. Wer ihn erklommen hat, wird mit einer fantastischen Aussicht nach allen Seiten belohnt – bei klarer Luft sogar bis nach Italien. Insgesamt benötigt man ca. acht Stunden von Orebić und sechs Stunden vom Franziskanerkloster aus.

Gute Bademöglichkeiten bieten sich nur eineinhalb Kilometer südlich von Ston in der türkis leuchtenden Bucht **Prapratno** ➡ S14 oder mit teils sandigem Untergrund bei **Žuljana** ➡ R14. Die Orte **Viganj** ➡ R12 und **Kućište** ➡ R12/13 mit kleinen Kiesbuchten sind wegen der dort vorherrschenden optimalen Winde ein Eldorado der Surfer.

Tourist Informationen
– Gundulićeva poljana 1
Ston ➡ S14
✆ (020) 754-452, www.ston.hr
– Zrinsko-frankopanska 2
Orebić ➡ R13
✆ (020) 713-718
visitorebic-croatia.hr

Franziskanerkloster/ Franjevački samostan ➡ R13
Celestina Medovića ulica, Orebić
Vom über Orebić gelegenen Kloster hat man einen wunderbaren Blick auf die Bucht.

Restaurant Kapetanova Kuća ➡ S14/15
Mali Ston bb, Mali Ston
✆ (021) 754-264, www.ostrea.hr
Gutes Restaurant im Hotel Ostrea mit großer verglaster Terrasse. Hier gibt es Muscheln und Austern in leckeren Soßen, frische Fische und Hummer, Fleischgerichte und die verschiedensten Vorspeisen. €€

Konoba Bota Šare ➡ S14/15
Kroz Polje 5
Mali Ston
✆ (020) 754-482
www.bota-sare.hr
Hübsches Natursteinhaus mit segeltuchüberspannter Terrasse und Blick auf den Hafen. Spezialitäten sind hier die frischen Muscheln und Austern, aber auch die große Auswahl an Antipasti. Als Hauptspeise lässt man sich frischen Fisch, Hummer oder z. B. Kaninchen in Weißweinsoße servieren. Dazu die leckeren Inselweine. €€

Ciringito ➡ R12
Viganj bb, Viganj
✆ (098) 344-905
Gutes Essen und traumhafter Ausblick auf das Wasser. €€

Potomje ➡ R13
Weinliebhaber sollten ins Zentrum der Weinkellereien nach Potomje fahren. Hier kann man den leckeren Rotwein Dingač oder Postup probieren und auch kaufen, ebenso verschiedenste Schnäpse und Olivenöl. ■

Anbaugebiet des Dingač auf der Halbinsel Pelješac

Kroatien in Zahlen und Fakten

Nationalflagge von Kroatien

Bevölkerung: ca. 4,03 Mio.
Fläche: 56 594 km² Festland mit 1777 km Küstenlänge, 1185 Inseln (davon 67 bewohnt) und Riffs mit 4058 km Küstenlänge
Hauptstadt: Zagreb, ca. 660 000 Einwohner
Regierungsform: Parlamentarische Demokratie
Sprachen: Kroatisch ist Amtssprache, in den Touristenzentren spricht man auch Deutsch, Englisch oder Französisch, in Istrien auch Italienisch.
Religion: mehrheitlich römisch-katholisch
Klima: im Norden kontinental, in den Gebirgsregionen alpin und an der Adria mediterran
Geschützte Gebiete: acht Nationalparks, elf Naturparks

Anreise, Einreise

EU-Bürger benötigen für einen Aufenthalt von bis zu drei Monaten einen gültigen Reisepass oder Personalausweis. Auch Kinder müssen einen eigenen Kinderreisepass besitzen. Kroatien ist im Januar 2023 dem Schengen-Raum beigetreten, seitdem finden keine Personenkontrollen an den Grenzen mehr statt.

Für Hunde und Katzen ist der EU-Heimtierausweis obligatorisch – mit allen vorgeschriebenen Impfungen – und ebenso der implantierte Erkennungs-Chip.

Mit dem Flugzeug
Direktflüge von Deutschland, Österreich und der Schweiz an die kroatische Küste werden nur in der Saison mit Charterflügen nach Pula (airport-pula.hr), Rijeka (rijeka-airport.hr/de/flughafen-rijeka), Zadar (www.zadar-airport.hr), Split (www.split-airport.hr), Brač (www.airport-brac.hr) und Dubrovnik (www.airport-dubrovnik.hr) angeboten. Alle Linienflüge führen über Zagreb (www.zagreb-airport.hr), dann heißt es umsteigen und meist warten auf den Anschlussflug. Ein Flug lohnt eigentlich nur für die dalmatinische Ferienregion und für Anreisende aus Norddeutschland, wenn man die Eincheck-, Gepäckausgabewartezeiten etc. zu den reinen Reisezeiten hinzurechnet. Bei den Charterflügen gibt es viele Sparangebote, vertretene Linien sind u. a. TUIfly und Eurowings.

Mit dem Auto
Für die Fahrt durch Österreich und Slowenien benötigt man die üblichen Papiere wie Führerschein und Fahrzeugschein des Pkws. Die Grüne Versicherungskarte ist für Slowenien/Kroatien nicht mehr Pflicht, erleichtert allerdings im Schadensfall das Verfahren.

Die Autobahnen sind in Österreich gebührenpflichtig (Tunnelgebühren und Vignette). In Slowenien braucht man für Autobahnen und Schnellstraßen eine Vignette. In Kroatien werden auf den Autobahnen Mautgebühren erhoben, der Učka-Tunnel und die Krker-Brücke sind ebenfalls mautpflichtig. Das Land verfügt mittlerweile über ein gut ausgebautes Autobahnnetz, das bis Vrgorac (Süddalmatien) reicht.

Die schnellste Anreise erfolgt über die Tauernautobahn, die Fahrzeit München–Rijeka beträgt ca. sechs Stunden. Die Autobahn von Zagreb und Rijeka durch das Hinterland in den Süden ist über Split und bis hinab nach Vrgorac durchgängig befahrbar. Kroatische Verkehrsinformationenerhält man online: www.hak.hr.

Mit der Bahn

Von Deutschland aus fahren mehrmals täglich Euro-City-Züge ab München in ca. 10 Stunden über Salzburg, Villach, Ljubljana nach Rijeka und Zagreb. Es gibt auch Züge über Venedig, Triest nach Ljubljana, Rijeka oder auch von Triest nach Koper. Zur Hauptreisezeit fahren Sonderzüge.

Preisinformationen, Sonderangebote und weitere wichtige Reisedetails unter www.bahn.de.

Mit dem Bus

Preisgünstig ist die Anreise mit den Europabussen der Deutschen Touring GmbH. Fast in jeder deutschen Großstadt gibt es Abfahrtsorte und Reservierungsbüros. Die Route führt über München und die Tauernautobahn nach Rijeka, dann weiter die gesamte Küstenstraße bis Dubrovnik. Ab Rijeka stoppt der Bus in jeder kroatischen Großstadt. Istrien wird ebenso über Opatija nach Pula angefahren. Auch Flixbusse verkehren nach Kroatien.

Auskünfte: Deutsche Touring/ eurolines unter www.eurolines.de, Flixbusse unter www.flixbus.de.

Mit dem Schiff

Um auf die vielen Inseln zu gelangen, nimmt man die Autofähren (*trajekt*), Personenfähren oder Katamarane. In der Hochsaison pendeln diese vom Festland zu den großen Inseln fast stündlich. Auch von Insel zu Insel verkehren Schiffe. Die staatliche Fähragentur Jadrolinija (www.jadrolinija.hr) unterhält die meisten Schiffsverbindungen. Die Küsteneilfähre (Rijeka-Dubrovnik) wurde aus Kostengründen eingestellt.

Man kann auch von Italien (Ancona, Pescara oder Bari) nach Split, Dubrovnik oder Zadar anreisen. Von Pula gehen Autofähren über Mali Lošinj nach Zadar.

Mit der Fähre geht es zur Insel Brač

Auskunft

Kroatische Zentrale für Tourismus
– Stephanstr. 13
60313 Frankfurt/Main
✆ (069) 238 53 50
– Regerstr. 68
81541 München
✆ (089) 22 33 44
– Mariahilfer Str. 31/16
1060 Wien
✆ (01) 585 38 84
– Rhijnspoorplein 10–38
1018 TX Amsterdam
✆ (020) 888 80 97
– Iblerov trg 10/IV
10000 Zagreb
✆ +385-1-4699-333
croatia.hr/de-de

Tourismusverband der Region Istrien ➡ F1
Pionirska 1, 52440 Poreč
✆ +385-52-452-797
www.istra.hr

Tourist Informationen
In allen touristischen Zentren und Städten gibt es Informationsbüros, genannt **TIC**, die landesbezogene Auskünfte erteilen. Zudem gibt es noch den **Fremdenverkehrsverband** (Turistička Zajednica). Beide verfügen in der Regel über gutes Info- und Kartenmaterial. Und natürlich bieten zahlreichen **Agenturen** Unterkunftsvermittlung, die Buchung von Flugtickets und Geldwechsel an.

Ein besonderer Service: Die **Kroatischen Engel** liefern während der Saison täglich von 8 bis 24 Uhr touristische Informationen (auch auf Deutsch) unter ✆ (062) 999-999 (innerhalb Kroatiens) oder mit der Vorwahl + 385 vom Ausland aus.

Automiete, Autofahren

In allen touristischen Zentren und an den Flughäfen Kroatiens kann man Fahrzeuge von internationalen oder nationalen Anbietern mieten. Meist werden von Kleinwagen bis Minibussen, ob mit oder ohne A/C, alle Kategorien angeboten.

Die **Wagenmiete** (unbegrenzte Kilometerzahl, Vollkasko-Versicherung) ist in Kroatien allerdings verhältnismäßig teuer, deshalb sollte man Preisvergleiche anstellen oder Sondertarife nutzen bzw. bereits daheim buchen. Auch hier gilt: Je länger die Wagenmiete, desto billiger wird es pro Tag.

Der **Straßenverkehr** unterscheidet sich kaum von unserem, ebenso wenig die aufgestellten Radarfallen. Also: Verkehrsregeln beachten! Aufpassen sollte man vor allem nach Regenbeginn, weil sich die Straße durch die Verbindung von Wasser, Staub und dem Öl auf der Bitumenschicht als sehr rutschige Unterlage entpuppt. Besondere Vorsicht gilt daher auf der kurvenreichen Küstenstraße, der Adria- oder Küstenmagistrale. Nicht zu unterschätzen ist auch die *Bora*, der aus Nordosten vom Gebirge kommende Fallwind, der hauptsächlich im nordöstlichen Kvarner-Gebiet und vor Makarska auftritt.

Für Pkws gelten folgende **Höchstgeschwindigkeiten:** innerhalb von Ortschaften 50 km/h, außerhalb 80 km/h, auf Schnellstraßen 100 km/h, auf Autobahnen 130 km/h. Während des gesamten **Überholvorgangs** muss der linke Blinker gesetzt sein. Die **Promillegrenze** liegt bei 0,5 (für Fahrer unter 25 J. 0,0!). Wer allerdings ein Verkehrsdelikt begeht, muss sich für das Fahren unter Alkoholeinfluss verantworten. Im Winter muss das **Abblendlicht** auch tagsüber eingeschaltet sein, **Motorradfahrer** müssen immer mit Abblendlicht fahren. Es gilt **Gurtanlege- und Sturzhelmpflicht**, Kinder unter zwölf Jahren müssen im Wagen hinten sitzen.

Schafherden sind in Dalmatien ein wohlvertrauter Anblick

Bleifreies Benzin ist in Kroatien flächendeckend erhältlich, die **Tankstellen** haben an den Hauptstraßen mindestens bis 20 Uhr (Saison 22 Uhr) geöffnet und an der Hauptroute teils 24 Stunden; es kann mit Kreditkarte bezahlt werden.

Jeder **Unfall** muss der Polizei gemeldet werden, man sollte sich eine Unfallbestätigung *(potvrda)* ausstellen lassen. Beim Abschleppen muss am Zugfahrzeug vorne und am gezogenen Fahrzeug hinten ein Warndreieck angebracht sein. Kroatische Verkehrsinfo: www.hak.hr.

Diplomatische Vertretungen

Deutsche Botschaft
Ul. grada Vukovara 64
10000 Zagreb
✆ (01) 6300-100
zagreb.diplo.de

Österreichische Botschaft
Radnička cesta 80
10000 Zagreb
✆ (01) 4881-050, -052
www.bmeia.gv.at/oeb-agram

Schweizer Botschaft
Bogovićeva 3
10000 Zagreb
✆ (01) 4878-800
www.eda.admin.ch/zagreb

Einkaufen

Kroatien produziert eine Vielzahl sehr guter und anerkannter **Weine und Spirituosen**. In Istrien wachsen der rote Teran, die goldgelben Malvazija und Muskateller sowie seit einiger Zeit guter Chardonnay. Beliebte Mitbringsel sind auch Grappaflaschen mit eingelegten Kräutern oder Früchten und der Istra-Bitter, eine Art Campari.

Von der Insel Krk kommt der goldgelbe Žlahtina-Wein, aus Zadar ein klarer Likör aus der Maraska-Weichselkirsche namens Maraschino und der Kräuterschnaps Travarica.

Hausgemachte Kräuterschnäpse stehen auf der Getränkeliste

Im Süden gedeihen die Spitzenweine der Halbinsel Pelješac, der schwere rote Dingač und der etwas leichtere Poštup. Die Weine der benachbarten Insel Korčula, die weißen Grk, Pošip und Maraština oder der rote Plavac, sind ebenso wenig zu verachten wie der von der Insel Hvar stammende Faros.

Der Dessertwein Prošek, der Kräuterschnaps Travarica und der Pflaumenschnaps Slibowitz (Šljivovica) werden im ganzen Land hergestellt.

Beliebte Mitbringsel aus Istrien sind **Oliven**, das schon zu römischen und venezianischen Zeiten gelobte **Olivenöl**, der luftgetrocknete **Schinken** *pršut*, leckerer **Schafskäse** und natürlich die im Herbst wachsenden **weißen Trüffeln** (ganzjährig auch schwarze Sorten). Istrien zählt zu den bekanntesten Trüffelregionen der Welt.

Auf der Insel Pag entsteht durch die salzhaltige Luft **Pager Käse** *(Paški sir)*, auf der Insel Hvar sind in Lorbeeren und Gewürzen eingelegte **Sardellen** *(slane srdele)* sowie köstlicher **Honigkuchen** Spezialitäten. Im südlichen Dalmatien lohnt es, sich mit sonnenverwöhnten **Gewürzen** wie Rosmarin, Thymian und Lavendel einzudecken. Vor allem auf Hvar wird reines **Rosmarin- oder Lavendelöl** in dekorativen Fläschchen angeboten. Ebenso gibt es natürlich den leckeren **Rosmarin- oder Lavendelhonig** von Hvar, Brač und Šolta.

Beliebte Produkte auf den Märkten sind verzierte **Holzgegenstände und Messingartikel**. Auch Filigranschmuck aus Gold und Silber findet sich in den unzähligen Boutiquen. **Spitzendeckchen** fertigt man vor allem auf der Insel Pag. Die Pager Näherinnen entwarfen und klöppelten ihre berühmte Reticella-Spitze bereits für die Wiener Hofkreise. Noch ganz traditionell mit den Fäden aus Agavenblättern arbeiten die Benediktinerinnen von Hvar an ihren Spitzenstickereien.

Kroatien hat viele bedeutende **Naivmaler und Bildhauer** hervorgebracht, die vor allem in den USA auf große Resonanz stießen. Im Land gibt es zahlreiche gute Werkstätten und Galerien. Wer sich lediglich porträtieren lassen möchte, hat keine großen Schwierigkeiten, in den touristischen Zentren einen begabten Künstler zu finden.

Jeder noch so kleine Ort hat seinen täglichen **Obst- und Gemusemarkt**, in größeren Städten ist die

Auswahl noch bunter und reichhaltiger. Zudem werden Haushaltswaren und Kleidung sowie eine Menge glitzernder Kleinkram angeboten. Die **Fischmärkte** finden nur in den frühen Morgenstunden statt.

Essen und Trinken

Die kroatische Küche ist geprägt durch die zahlreichen kulturellen Einflüsse der einstigen Herrscher: Im Norden wird österreichisch-ungarisch und italienisch gekocht und gewürzt, im Süden hat der Balkan seine Spuren hinterlassen. Grund genug, sich auf eine abwechslungsreiche Küche zu freuen. Zudem gibt es am Meer natürlich immer frischen Fisch und Meeresfrüchte, am Festland hingegen mehr Fleisch und Gemüsegerichte.

Das **Restaurant** (*restoran*) bietet meist eine große Auswahl an Speisen und einen gehobenen Standard, das **Fischrestaurant** (*riblji restoran*) ist – wie der Name es verrät – spezialisiert auf frische Fische, Schalen- und Krustentiere sowie Meeresfrüchte. Die **Gostiona** verfügt über ein einfacheres Ambiente mit einer Auswahl an Fleisch- und Fischgerichten. Die **Konoba** war ursprünglich ein Weinkeller oder ein sehr kleines Lokal, das offene gute Weine und Vorspeisen anbot. Heutzutage werden Konobas immer beliebter, sie bringen Hausmannskost in vielen Variationen auf den Tisch.

Pizzerien werden auch in Kroatien gerne von Familien aufgesucht, dort gibt es allerdings tatsächlich nur Pizzen. Eine **Kavana**, das Café, dient als beliebter Treffpunkt für Jung und Alt und **Eisdielen** (*slastičarna*) führen häufig eine breite Palette an sehr guten Eissorten.

Ein typischer **Vorspeisenteller** besteht aus Oliven, luftgetrocknetem Schinken (*pršut*), Käse – Schaf

Am Holzofen gegrillter Fisch

oder Ziege, oft von der Insel Pag (*Paški sir*) – und ab und an aus eingelegten Sardellen. Landestypische **Suppen** sind die istrische Gemüsesuppe (*maneštra*), die Fischsuppe (*riblja juha*) oder auch die Lammfleischsuppe (*jagjeca corba*). Aus dem Inland stammt der **Strudel** (*štrukle*), ein in Salzwasser gekochter Ölteig, pikant mit Quark oder Käse gefüllt – die süße Variante des Strudels gibt es als Nachspeise.

Fehlen dürfen natürlich nicht **Spaghetti** mit Scampi, Muscheln, wildem grünen Spargel oder Trüffeln. **Risotto** (*rižoto*) wird ebenfalls gerne mit Meeresfrüchten serviert, eine kulinarische Besonderheit ist das schwarze Tintenfischrisotto. Eine Nudelspezialität in Istrien sind Fuži, die mit Wild,

Meeresfrüchte dürfen bei der kroatischen Küche nicht fehlen

Gulasch oder wildem Spargel serviert werden. Vorzüglich sind die saftigen **Muscheln und Austern** (Miesmuscheln, Jakobsmuscheln) aus dem Limski-Kanal oder aus der Zucht bei Ston.

Hauptgerichte – Fleisch: In Istrien sehr beliebt ist das Istrische Schnitzel, paniertes Kalbfleisch, gefüllt mit Schafskäse und Schinken, aber auch Lamm oder Wildschwein auf dem Rost gegrillt. Lammgerichte in allen Variationen liebt man besonders auf der Insel Brač. Sehr gerne werden immer noch die Spießchen (*ražnijiči*), die Fleischröllchen (*čevapčići*) und eine Art Hamburger (*pljeskavica*) mit Ajvar serviert, einer Paprikasoße, und mit Djuveč-Reis (Reis mit Tomaten) oder Pommes Frites gegessen. Wer *Mixed Grill* bestellt, bekommt alles zusammen auf einem Teller.

Eine Spezialität ist auch *mučkalica*, Schweinefleischgulasch, gekocht mit Paprika und Tomaten. Im Süden gibt es *djuveč*, einen Eintopf mit Lamm, Schwein oder Rind und Gemüse, in Istrien vor allem im Herbst auch viele Wildgerichte. Lecker ist *pašticada* – Rindfleisch in Wein und Kräutern geschmort und gespickt mit Speck und Pflaumen. Eine Spezialität in Süddalmatien sind Fleischgerichte aus dem Holzofen – unter der *peka* (einer Tonglocke) gegart wird Wildschwein, Lamm oder Kalb.

Hauptgerichte – Fisch: Sehr beliebt, aber oft nicht auf der Speisekarte ist *brodet*, (Fischgulasch mit Polenta). Eine große Auswahl an Fischen wie Drachenkopf, Zahn- und Goldbrasse, werden am Holzofen gegrillt oder auch in Salzlake zubereitet. Sehr gut sind auch die Tintenfische, vor allem die mit Schafskäse gefüllten *punjene lignje*. Spezialitäten sind Hummer, *jastog*, in Weißwein und Kräutern gedünstet, und die in einem großen Topf ebenfalls mit Koblauch, Kräutern und Weißwein gedünsteten Langusten, *scampi na bužaru*.

Als **Nachspeisen** erhält man überall Palatschinken mit Schokoladensoße, Nusscreme oder Marmelade. Sehr beliebt ist Strudel (*štruklji*) mit Äpfeln oder Quark, vergleichbar mit unserem Apfel- oder Quarkstrudel. Spezialitäten sind *rožata*, eine Karamelcreme mit Sirup, und Krapfen, *fritule* oder *kruštule* genannt. Delikatessen in Istrien sind Desserts mit Trüffeln. Eiscreme (*sladoled*) gibt es natürlich ebenfalls.

Kaffee trinkt man als Espresso oder Cappuccino, die Säfte unterscheiden sich nicht von denen, die

Prozession zu Ehren des hl. Blasius, Schutzpatron von Dubrovnik

Die gesamte Altstadt von Trogir zählt zum UNESCO-Weltkulturerbe

in Deutschland serviert werden. Wein (*vino*) genießt man natürlich weiß oder rot (*bijelo/crno*) oder gemischt – halb Wasser und Wein. Es gibt gute nationale Biermarken (*pivo*) wie z.B. das aus Karlovac.

Feiertage, Feste, Veranstaltungen

1. Jan.: Neujahr
6. Jan.: Heilige Drei Könige
Ostersonntag, Ostermontag
1. Mai: Tag der Arbeit
Fronleichnam
22. Juni: Tag des antifaschistischen Kampfes
25. Juni: Staatsfeiertag
5. Aug.: Tag des Sieges und der Dankbarkeit
15. Aug.: Mariä Himmelfahrt
8. Okt.: Tag der Unabhängigkeit
1. Nov.: Allerheiligen
25./26. Dez.: Weihnachtsfeiertage

In der Hauptsaison veranstalten fast alle größeren Orte und touristischen Zentren mehrtägige Sommerfestivals mit Musik, Folklore-, Ballett- und Theateraufführungen, berühmt sind die Dubrovniker Sommerfestspiele. Ein Highlight für viele Touristen sind außerdem Konzerte in der Euphrasius-Basilika von Poreč oder im Amphitheater von Pula, die Schwerttänze Moreška und Kumpanija auf der Insel Korčula oder die farbenfrohen Karnevalsumzüge in Rijeka und Opatija. Straßenfeste, Musikfestivals, Sportwettbewerbe – im Sommer ist überall etwas los. Die örtlichen Tourist Informationen informieren gern.

Geld, Kreditkarten

Im Januar 2023, rund zehn Jahre nach dem EU-Beitritt des Landes, löste der **Euro** den Kuna als alleiniges Zahlungsmittel in Kroatien ab. Auf den neuen kroatischen Euro-Münzen werden, wie in anderen EU-Ländern, nationale Motive aus der Geschichte und Kultur abgebildet, die Rückseite ziert das kroatische Schachbrett.

In den meisten Orten finden sich Geldautomaten (ATM), an denen mit Bankkarte oder Kreditkarte Bargeld abgehoben werden kann. Die Akzeptanz von Kreditkarten und elektronischen Zahlungsarten im Land ist generell hoch. In Hotels, an Tankstellen und in den meisten Restaurants und

Geschäften kann man mit den gängigen Kreditkarten bezahlen. Meist sind die vor Ort akzeptierten Zahlungsarten an gut sichtbarer Stelle angegeben.

Reisende aus dem Nicht-EU-Raum können, wenn sie es nicht schon im eigenen Land getan haben, andere Währungen in Kroatien problemlos in Euro umtauschen. Den offiziellen Wechselkurs gibt die Kroatische Nationalbank vor. Wechselstuben und kleinere Banken haben eigene, marktabhängige Wechselkurse.

Hinweise für Menschen mit Handicap

Viele kroatische Hotels sind inzwischen rollstuhlgerecht ausgestattet, auch Ferienwohnungen ziehen beim Bau von Rampen etc. nach. Barrierefreie Eingänge findet man ebenfalls in neu gestalteten Museen. Der Zugang zum Strand kann mitunter etwas schwierig sein.

Außer in Kurorten und großen, modernisierten Hotels gibt es wenige behindertengerechte Sanitäreinrichtungen. Insgesamt steht der Aus- und Umbau in Kroatien noch eher am Anfang. Deshalb bedarf es einer gewissen Planung und ggf. auch einer Assistenzperson.

Internet

Internetcafés findet man in jedem Touristenort, fast alle Hotels, Campingplätze und Yachthäfen verfügen über WLAN, zumindest an der Rezeption. Hotspots gibt es mittlerweile auch in den meisten Cafés und Restaurants sowie an Hauptplätzen von großen Touristenorten.

Informative Websites sind:

www.croatia.hr – Kroatische Zentrale für Tourismus
www.istra.hr – Tourismusverband Istrien
www.kvarner.hr – Tourismusverband Kvarner-Region
www.dalmatia.hr – Tourismusverband Dalmatien
www.camping.hr – offizielles Camping-Portal
www.kroatischeadria.de – private Infoseite zu Kroatien

Der Punta-Rat-Strand in Brela an der Makarska-Riviera

Klima, Kleidung, Reisezeit

An der Küste Kroatiens herrscht mediterranes Klima, d.h. nicht zu heiße Sommer und gemäßigte Winter. Allerdings weht die Bora, ein Fallwind aus Nordosten, der im Herbst und Winter kalte Kontinentalluft verbunden mit starken Stürmen und eiskalten Winden verursachen kann. Dieser Wind führt ab und an auch im Frühsommer zu Abkühlung auf nackter Haut.

Beste Reisezeit für Badefreunde ist von Juni bis Anfang September, für Sportler, Naturliebhaber und Kulturbeflissene auch schon der April/Mai, und vor allem für den Süden Dalmatiens der Herbst mit seinem noch aufgeheizten warmen Meerwasser. Der Sommer kann teils unerträglich heiß werden, wenn sich kein Lüftchen rührt.

An Kleidung sollte man alles berücksichtigen: Regenbekleidung, Sommersachen, aber auch den warmen Pullover für alle Fälle (außer im Hochsommer). Badeschuhe für Felsküsten sind von Vorteil und ermöglichen einen sicheren Einstieg ins tiefblaue Nass. Infos unter www.meteo.hr.

Medizinische Versorgung

Für EU-Bürger gilt auch in Kroatien die europäische Krankenversicherungskarte (EHIC). In einigen Fällen muss (wie bei uns auch) Selbstbeteiligung geleistet werden. Daher empfiehlt sich auch für Kroatien eine zusätzliche Auslandsreisekrankenversicherung.

Die ärztliche Versorgung ist mit Krankenhäusern (*bolnica*), in kleineren Orten zumindest mit einer Krankenstation (*ambulanta* oder *dom zdravlja*) gesichert. Dies gilt auch für Apotheken (*ljekarna*), die einen Bereitschaftsdienst anbieten. Zudem verfügen alle großen Hotels über eigene Hotelärzte und Ambulanzen.

Mit Kindern in Kroatien

In Kroatien sind Kinder gern gesehene Gäste. Hotels sind auf sie und auf Jugendliche eingerichtet – meist gibt es Animation, Pools und Spielplätze. Viele Restaurants und Hotels verfügen über Kinderstühle, wenn nicht, wird man bei einer Konstruktion behilflich sein. Spezielle Kindermenüs sind nicht immer vorhanden, aber auch nicht nötig, denn Spaghetti- oder Reisgerichte, Spießchen und Pommes Frites stehen eigentlich immer auf der Karte.

In allen touristischen Zentren werben Vergnügungsparks, die sogenannten Luna-Parks, und in den Sommermonaten spezielle Veranstaltungen um die Gunst der Familien. In der Reisetasche sollte neben Badeschuhen, Gummistiefeln, einer Schnorchelausrüstung natürlich Sonnenschutz mit hohem Lichtschutzfaktor nicht fehlen.

Nachtleben

Jede größere Stadt verfügt über eine Auswahl an Bars, Diskotheken, Nachtclubs und Spielkasinos. In touristischen Zentren findet sich für jeden Geschmack etwas. Livebands spielen meist Standard (Foxtrott, Walzer), aber auch mal die Hits der Saison. In den Hoteldiskotheken werden oft die Charts aufgelegt, in Städten hingegen herrscht elektronische Musik vor. Immer beliebter sind Lokale und Bars mit heißen südamerikanischen und karibischen Rhythmen.

Notfälle, wichtige Rufnummern

Notruf ✆ 112
Polizeinotruf ✆ 192
Rettungsdienst ✆ 194
Feuerwehr ✆ 193

Seenotrettung ✆ 195
Kartensperrnummer ✆ 116 116
Deutschsprachiger ADAC-Notruf ✆ +49 (89) 22 22 22, www.adac.de
Pannenhilfe ✆ 1987 (HAK)
Kroatischer Autoclub HAK, Straßen- und Verkehrslage ✆ (072) 777-777, www.hak.hr
Kroatische Engel ✆ (062) 999-999 (Mai–Okt.)

Öffnungszeiten

Banken sind in der Regel Mo–Fr 7.30–20 Uhr geöffnet, Postämter 7–20 Uhr, Sa oft nur bis 12/13 Uhr. Geschäfte öffnen ihre Pforten Mo–Sa 7/8–20/21 Uhr, jedoch Sa teils nur bis 12/13 Uhr. Mancherorts wird mittags geschlossen. Große Shoppingcenter haben auch So bis 12/13 Uhr geöffnet. Einige Restaurants schließen in der Nebensaison ganz.

Post, Briefmarken

In den Postämtern (HPT) kann man telefonieren, faxen sowie Briefmarken (*poštanske marke*) und Telefonkarten (*telefonska karta*) erwerben.

Presse, TV

Deutschsprachige Zeitungen und Magazine finden sich an jedem größeren Kiosk und in den Hotel- oder Campingshops. Satelliten-Fernsehempfang mit einer Vielzahl an Programmen ist in allen großen Hotels gegeben.

Rauchen

Seit 2009 herrscht auch in Kroatien in öffentlichen Gebäuden, in Restaurants und Diskotheken Rauchverbot. Das gilt auch für Terrassen, sofern sich jemand belästigt fühlt.

Sicherheit

Es ist in Kroatien nicht mehr oder weniger gefährlich als bei uns. Achtsam sollte man natürlich auch hier sein und etwa Wertgegenstände im Hotelsafe aufbewahren und nichts Wertvolles offen im Wagen liegen lassen.

Sport und Erholung

Das kroatische Sportangebot ist vielfältig. Alle großen Hotels und Campingplätze verfügen über **Tennisplätze** und verleihen **Wassersportgeräte** (Kajaks, kleine Segeljollen, Surfgeräte, Wasserski, Paraglider etc.) sowie **Mountainbikes**. Gute **Tauchbasen** mit Ausrüstungsverleih, Schulung und Exkursionen gibt es inzwischen ebenfalls in fast allen großen Hotels und Camps oder zumindest nicht weit von ihnen entfernt.

Das Mieten von **4-PS-Motorbooten** ist in den meisten touristischen Zentren möglich, allerdings muss man dafür einen Bootsführerschein besitzen. Wer Zeit hat, kann den Segel- oder Bootsführerschein in Kroatien erwerben. Größere **Motor- und Segelboote** chartert man in Marinas. Wer gerne angelt und dies vom Boot aus tut, benötigt eine Genehmigung, die in den Tourismusbüros erhältlich ist.

Pferdeliebhabern seien die Gestüte bei Rovinj, Pula und auf der Insel Cres empfohlen. Immer mehr **Fahrradwege** werden gerade in Istrien und auf den meisten großen Inseln erschlossen und bieten den Urlaubern eine erholsame Art, die Gegend zu erkunden (www.istria-bike.com/de).

Klettersteige aller Schwierigkeitsgrade befinden sich in den imposanten Schluchten im Nationalpark Paklenica.

Wandern ist gerade im Inselgebirge ein reizvolles Erlebnis, etwa

Ein angesagter Windsurferspot: die Südküste von Brač

im Učka-Gebirge (bei Opatija), am Televrin (Insel Lošinj), in der Umgebung von Baška (Insel Krk), am Vidova Gora (Insel Brač) und am Sv. Ilija (Halbinsel Pelješac). Herrliche Touren gibt es im bis auf knapp 2000 Meter ansteigenden Velebit-Gebirge im Nationalpark Paklenica und im Biokovo-Gebirge bei Makarska.

Sprachhilfen

In Kroatien haben die meisten deutschsprachigen Touristen keine Sprachprobleme, denn viele Kroaten beherrschen unsere Sprache, vor allem das Personal in den Hotels und auf Campingplätzen.

Im kroatischen Teil der istrischen Halbinsel sind Kroatisch und Italienisch Amtssprachen, im Kvarner-Gebiet spricht man auch italienisch. Englisch wird meist ebenfalls verstanden und gesprochen.

Dennoch freut sich der Gastgeber, wenn man ein paar Wörter oder einen kleinen Satz auf Kroatisch lernt:

Dobar dan! – Guten Tag!
Dovidjenja! – Auf Wiedersehen!
Dobro jutro! – Guten Morgen!
Dobra večer! – Guten Abend!
danas – heute
sutra – morgen
jučer – gestern
prekosutra – übermorgen
Kako ste? – Wie geht es Ihnen?
dobro/loše – gut/schlecht
Oprostite molim … – Entschuldigen Sie bitte …
molim – bitte
hvala – danke
da – ja
ne – nein
Pošto je? – Wie viel kostet das?
Molim vas gdje je tu neka …? – Wo ist hier bitte …?
Gdje mogu naći …? – Wo finde ich …?
Treba mi … – Ich brauche …
praznik – Feiertag
radni dani – werktags
od … do – von … bis
otvoreno – offen
zatvoreno – geschlossen
nedjelja – Sonntag
ponedjeljak – Montag
utorak – Dienstag
srijeda – Mittwoch
četvrtak – Donnerstag
petak – Freitag
subota – Samstag

0 – *nula*
1 – *jedan*
2 – *dva*
3 – *tri*
4 – *četiri*
5 – *pet*
6 – *šest*
7 – *sedam*
8 – *osam*
9 – *devet*
10 – *deset*
20 – *dvadeset*
50 – *pedeset*
100 – *sto*

Aussprachetipps:

c wie ts in Zeppelin
č wie tsch in Tschüss
ć wie tch in Brötchen
đ wie dsch in Dschungel
h wie ch in Achtung
s wie ß in Floß
š wie sch in Schiff
v wie w in Wal
z wie s in Hose
ž wie j in Journalisten oder g in Garage

Strom

Wie in ganz Europa gibt es in Kroatien 220 Volt/50 Hz Wechselstrom.

Telefonieren

Mobiltelefone sind weitverbreitet; das kroatische Mobilfunknetz ist sehr gut ausgebaut und die Flächendeckung ausgezeichnet. Akkus kann man in vielen Lokalen auf Nachfrage gern kostenlos aufladen. Roaming-Gebühren werden innerhalb der EU seit Sommer 2017 nicht mehr fällig. Natürlich gibt es vor Ort auch Prepaid-Karten.

Ein Telefonat vom Hotelzimmer ist in der Regel teurer, weil hier ein Hotelaufschlag berechnet wird.

Die **Landesvorwahlen** bei Gesprächen von Kroatien aus:
Deutschland ✆ +49
Österreich ✆ +43
Schweiz ✆ +41

Danach werden die Ortsvorwahl ohne die Null und dann die Rufnummer gewählt.

Die Landesvorwahl von Kroatien ist: ✆ +385.

Trinkgeld

Ein guter Service sollte auch angemessen honoriert werden. Üblich sind in einem Restaurant zehn Prozent des Rechnungsbetrags. Bei Abrechnung mit Kreditkarte hinterlässt man das Trinkgeld auf dem Abrechnungstablett. Das Reinigungspersonal und die Kofferträger im Hotel freuen sich ebenfalls über einen Obolus.

Unterkunft

Das Bettenangebot in Istrien und Dalmatien ist riesig, ebenso die Zahl der Campingplätze, unter denen es auch einige FKK-Campingplätze gibt. Große Hotels und Camps liegen direkt am Meer oder sind höchstens durch eine Uferstraße von ihm getrennt. In der Vor- und Nachsaison finden Individualurlauber problemlos ein Zimmer oder einen Stellplatz auf dem Campingplatz. In der Hochsaison sollte man allerdings für Istrien und das Kvarner-Gebiet seine Reservierungen vorzeitig getätigt haben.

Für Hotels gelten stark schwankende **Hoch- und Nebensaisonpreise**, es gibt mancherorts vier Saisonpreise, was bis zu 50 Prozent Preisnachlass bedeuten kann; bei Campingplätzen und Pensionen sind es lediglich zehn bis 20 Prozent. Pauschalreisende sparen bei Hotelbuchungen beachtliche Summen.

Zu allen Übernachtungspreisen kommt pro Tag und Person eine Kurtaxe hinzu. Ein Hinweis noch für Ruhebedürftige: Im Hochsommer treten auf den meisten großen Hotelterrassen und Campingplätzen (Restaurantterrassen) ab 21 Uhr Livebands auf.

Hotelzimmer sind nach Sternen eingeteilt, drei bis vier Sterne herrschen vor, die Luxuskategorie gibt es selten. Die Zimmer sind mit Balkon, Telefon und Satelliten-TV, teils mit Minibar und Safe ausgestattet. Apartments und Ferienhäuser verfügen zusätzlich noch über eine eingerichtete Küche.

Pensionen sind ebenfalls nach Sternen kategorisiert und bieten häufig Familienanschluss. Auf dem Vormarsch ist der **Agrotourismus:** Man nächtigt auf einem meist gut ausgestatteten Bauernhof, darf frische, regionale Produkte probieren und genießt Ruhe und Natur. Die Tourist Informationen verfügen über Adressen.

Die **Campingplätze** sind auch nach Sternen unterteilt, der Standard macht sich in der Anzahl der Duschen und im Sportprogramm bemerkbar, auch einfachere Camps verfügen zum Teil über eine wunderschöne Lage (www.camping.hr/de). Für Camper, die es einfacher und ruhiger suchen, ist **Minicamping** (www.camping.hr/de/mini-campingplatze) eine gute Option. Darunter werden kleinere Plätze mit bis zu 66 Einheiten und ca. 200 Personen geführt. Diese zeichnen sich durch eine individuellere Note und oft auch eine landschaftlich herausragende Lage aus.

Verkehrsmittel

Das **Busnetz** ist in Kroatien sehr gut ausgebaut, der Bus ist neben dem Auto wichtigstes Verkehrsmittel. Es gibt Lokal- und Expressbusse, die Dörfer oder Städte verbinden (www.buscroatia.com/de). Fahrkarten kann man im Busbahnhof kaufen.

Zugverbindungen (www.hzpp.hr) beschränken sich hauptsächlich auf die Strecken Zagreb–Split und Zagreb–Rijeka.

Taxis gibt es in jedem Ort, man kann sie an den Hotelrezeptionen bestellen.

Die Inseln sind mit **Autofähren** (*trajekts*) oder **Personenfähren** verbunden, die zum Teil bis spät in die Nacht in Aktion sind. Es gibt aber auch Inseln, die nur wenige Male am Tag angelaufen werden. Die größte Fährgesellschaft ist Jadrolinia (www.jadrolinija.hr).

Die Hotels verfügen über ihren eigenen **Transfer vom Flughafen**.

Zeitzone

Kroatien liegt in der mitteleuropäischen Zeitzone (MEZ), im Sommer gilt die mitteleuropäische Sommerzeit, damit gibt es keinen Zeitunterschied zu Deutschland, Österreich und der Schweiz.

Zoll

Es gelten die Zollbestimmungen der EU. Waren für den persönlichen Gebrauch sind zollfrei. Weitere Informationen unter www.zoll.de. ■

Esel in Vrulje auf der Insel Kornat

Die **fetten** Seitenzahlen verweisen auf ausführliche Erwähnungen, *kursiv* gesetzte Begriffe bzw. Seitenzahlen beziehen sich auf den Service.

Fotolia/Bea Busse: S. 38; Berdoulat Jerome: S. 19; Comugnero Silvana: S. 83 u.; Dario Bajurin: S. 77; dmpalino: S. 79; Fejo: S. 56; Goranbutajla: S. 75; Ina van Hateren: S. 91; Irina: S. 78; Kaligaski: S. 35; Kev_kiwi: S. 14/15; lamio: S. 30; LianeM: S. 2 o. Mitte, 22/23, 31; majstor13: S. 40; monticellllo: S. 85; Paul Prescott: S. 3 o. r., 18; Paweł Mruk: S. 89; Perfectmatch: S. 83 o.; Sabine Klein: S. 58; Sasha: S. 22; terranova_17: S. 81; Volker Z: S. 52; Xbrchx: S. 64; Xpix: S. 63 o.

iStockphoto/Agoxa: S. 53; Bepsimage: S. 33; dabldy: S. 21; Damir Spanic: S. 3 o. Mitte, 54, 69 o.; Davor Lovincic: S. 61; Jason Vosper: S. 4/5; Jelena Popic: S. 57; Josep Bernat Sànchez Moner: S. 72; Leonid Andronov: S. 49 o.; Loic Bernard: S. 34; Marcutti: S. 63 u.; Maxime Vige: S. 82; Michal Dziedziak: S. 71; motorolka: S. 28; Nadezhda1906: S. 20; Predrag Vuckovic: S. 32; Siniša Botaš: S. 42; Tatiana Popova: S. 69 u.; TPopova: S. 2 o. l., 13, 86; Vuk8691: S. 46; Zvonimir Atletić: S. 73

János Kalmár, Wien: S. 7 u., 14, 50

Kroatische Zentrale für Tourismus, Frankfurt/M.: S. 3 o. l., 6, 11, 16, 25, 36, 44/45, 47; Ante Zubović: S. 67; Ivo Pervan: S. 2 o. r., 43, 84

Lore Marr-Bieger, Möhrendorf: Schmutztitel (S. 1), S. 7 o.

Rainer Hackenberg, Köln: S. 16/17

Shutterstock/trabantos: S. 48/49; xbrchx: S. 37

Tourismusverband Istrien/ART/Petr Blaha: S. 26

VISTA POINT Verlag (Archiv), Rheinbreitbach: S. 8, 9 o., 9 u., 29

Schmutztitel (S. 1): Strand in der Kvarner-Bucht

Seite 2/3 (v. l. n. r.): Dubrovnik, Amphitheater von Pula, Karneval im Kvarner-Gebiet, Nationalpark Plitvice, Wehrkirche Sveta Nikola bei Nin, Funsport an der kroatischen Küste

Reihenkonzeption: Andreas Schulz & VISTA POINT-Team
Bildredaktion: Andrea Herfurth-Schindler
Lektorat: JB Bild | Text | Satz, Berlin
Layout und Herstellung: Sandra Penno-Vesper, Potsdam
Reproduktionen: Henning Rohm, Köln; Noch & Noch, Datteln
Kartographie: Huber Kartographie GmbH
Gesamtherstellung: VISTA POINT Verlag GmbH, Rheinbreitbach

ISBN 978-3-96141-738-4

An unsere Leserinnen und Leser!
Die Informationen dieses Buches wurden gewissenhaft recherchiert und von der Verlagsredaktion sorgfältig überprüft. Nichtsdestoweniger sind inhaltliche Fehler nicht immer zu vermeiden. Für diese übernimmt der Verlag keine Haftung. Für Ihre Korrekturen und Ergänzungsvorschläge sind wir dankbar.

VISTA POINT Verlag
Rolandsecker Weg 30 · 53619 Rheinbreitbach
Telefon: +49 (0)2224/7795-0 · Fax: +49 (0)2224/7795 100
info@vistapoint.de · www.vistapoint.de · www.facebook.de/vistapoint